05

Traditional Chinese Learning | 国学茶座

图书在版编目（CIP）数据

国学茶座．第5期／杜泽逊主编

济南：山东人民出版社，2014.12

ISBN978—7—209—08795—7

Ⅰ．①国．．．Ⅱ．①杜．．．Ⅲ．①国学—丛刊Ⅳ．①Z126—55

中国版本图书馆CIP数据核字（2014）第260544号

项目统筹　胡长青

责任编辑　王海涛　刘　晨

山东出版传媒股份有限公司

山东人民出版社出版发行

网址 http://www.sd—book.com.cn

社址济南市胜利大街39号邮编250001

编辑部电话0531—82098014 购书电话0531—82098021

邮局邮发代号24—191

山东临沂新华印刷物流集团印装

16开本（169×232毫米）11印张160千字

2014年12月第1版　2014年12月第1次印刷

定价：18.00元

卷首语

古典班的课程应如何设置

王学典

为了培养中国古典学术人才，山东大学设立了“尼山学堂”古典班，这个古典班课程设置是以中国学术的本来面目为基本指导的。

大家知道中国的古典学术是不分科的。中文、历史、哲学、政治学、法学、管理学、经济学，这是现代的学科分类概念，是西方的产物。而中国的经史子集，是一个图书分类，不是学问分类，尤其不是学科分类。中国的传统学术，是不能按照西方的现代学术分科概念去加以切割的。我们近几十年以来一个大的失误，就是按照西方传统的学术分类来切割中国的古典学术，至少是文史哲三家来共同切割中国的古典。这是造成几十年来我们古典学术人才特别是国学人才培养后继乏人的一个非常重要的原因。

“尼山学堂”的培养方案，指导思想很明确，就是尊重中国古典学术的本来面目，尊重中国古典学术的自身的特点。我个人感觉，这是我见过的民国以来一个最完善的课程设置方案。1936 年至 1937 年，胡适和梁启超等人都在争论国学院的学生应该读什么书，他们都分别列有参考书目。他们这个争论在当时的学术界产生了很大影响，对今天国学人才培养的课程设置也有一定的借鉴意义。我也看过几份其他国学培养单位的课程设置，像清华国学院课程设置。我个人感觉，我们这个课程设置充分吸收了民国以来国学人才培养方案中最好的部分，而且已经进行了很好的改进，在传统的经史子集要籍之外，我们也加入了新的、包括西学的一部分内容。这样的课程设置可以使学生各有所从，自由发展。我们这样所培养出来的人才是带有 21 世纪标签的国学人才，即全球视野下的中国古典学术人才。

目录

国学茶座第五期

卷首语

王学典　古典班的课程应如何设置　003

[经]

王新春　易学浅说（五）　007

冯潇屹　“二南”新论　018

陆　吉　闲话乡射礼　031

[史]

李开军　义宁陈家的馆师（上）——义宁陈氏散论之四　034

陈　峰　中国语言学之父赵元任——史语所才俊谱（五）　043

程远芬　东汉郭太以“郭林宗”之名行世是由于“生活于平民之中”吗？——谈谈避讳改称问题　051

张怡雯　清代官修方志对抗清“殉节”历史叙述的演变——以江南五府为例（上）　054

江庆柏　《四库全书》为什么未收录《读书敏求记》　062

[子]

曾枣庄　“儒之途通而其道亡”——论西汉儒学之演变　068
朱万曙　儒学研究需要拓展空间　081
陈　坚　石与佛（上）　085
白化文　《封神演义》中民俗与科技的奇思妙想　093
漆永祥　紫石斋说瓠（四）　106
李举创　王羲之书风论要（二）　112
黄玉顺　中国哲学史诗（三）　123

[集]

王小舒　体现神韵风貌的经典诗选——《感旧集》　129
张伯伟　痴雁——严迪昌先生　133
李　婧　缥缈缠绵一种情——论黄侃的爱情词　140
程毅中　中国小说的第三次变迁（三）　148
徐　超　实用对联赏析（下）——对联艺术（四）　155

辞　章

伊淑桦诗二首　084
雨如诗词三首　147

名家介绍

张涌泉　敦煌俗文学研究第一人——项楚先生　168

易学浅说（五）

王新春

四、大衍筮法

前文已提到，经文中处处可见的“九”、“六”，以及乾坤两卦的“用九”、“用六”之语，都与筮法相关，皆和《易》的卜筮之书的原本面目相连。这需要我们以高度的历史理性意识自觉，放眼中华文化发展演变之长河，基于理性与信仰的消长互补，对其作出适切体认与分析，而非简单粗暴地以迷信而斥之。

《汉书·艺文志》称：“及秦燔（fán，焚烧）书，而《易》为筮卜之事，传者不绝。”《汉书·儒林传》说：“及秦禁学，《易》为筮卜之书，独不禁，故传授者不绝也。”在秦始皇、李斯所主使的焚书浩劫中，《诗经》、《尚书》、百家诸子语等，遍遭禁毁，“所不去者，医药、卜筮、种树之书”（《史记·李斯列传》）。《易》因系卜筮之书，而侥幸躲过了这场浩劫。南宋理学家朱熹亦说：“《易》乃是卜筮之书，古者则藏于太史、太卜，以占吉凶，亦未有许多说话。”（《朱子语类》卷六十六）《汉书》与朱熹的论说，皆扼要揭示了《周易》与卜筮的密切关联和其作为卜筮之书的原本性质。作为卜筮之书，就有一个筮占求卦的方法与过程的问题。就此，《易传》中的《系辞上传》，专门讲述了一种易学史上最具权威性的筮法，即“大衍筮法”。

> 大衍之数五十，其用四十有九。分而为二以象两，挂一以象三，揲之以四以象四时，归奇于扐以象闰，五岁再闰，故再扐而后挂。……乾

之策二百一十有六，坤之策百四十有四，凡三百有六十，当期之日。二篇之策，万有一千五百二十，当万物之数也。是故四营而成易，十有八变而成卦。八卦而小成，引而伸之，触类而长之，天下之能事毕矣。

“揲”音shé，“奇”音jī，“扐”音lè，“当期”之“期”读jī。筮占求卦的用具为蓍草。这是一种菊科多年生草本植物，生命力极其旺盛，又称蚰蜒草或锯齿草，高可至二三尺以上，茎有棱，叶子互生而细长，羽状深裂，裂片呈锯齿状。它秋月开花，花儿呈白色或淡红色，所结果实细瘦而又扁平。

蓍草与筮占用的蓍草茎

古人认为，蓍草富有灵性，以之为媒介，可感通相关因素，消疑释惑，引人趋吉避凶，以便更好地推展事业与人生。

《系辞上传》还说过：“天一地二，天三地四，天五地六，天七地八，天九地十。天数五，地数五，五位相得而各有合。天数二十有五，地数三十，凡天地之数五十有五，此所以成变化而行鬼神也。”自一到十，十个自然数，奇数称天数，偶数称地数，意味着各承载着天与地的信息。天地就是借助这些数及其所涵摄的因素，造化大千世界，引发宇宙人生的万物万象万变的。五个天数之和25，五个地数之和30，共计55。这是运用蓍草筮占演算数的基本根据。最终进入演算程序的数是50。为什么是50？学者见仁见智，莫衷一是。唐孔颖达《周易正义》载西汉易学家京房（前77—前37）之说：“五十者，谓十日、十二辰、二十八宿也，凡五十。”又载东汉易学家郑玄（127—200）之说：“天地之数五十有五，以五行气通，凡五行减五。”依京房之见，50之数承载着十日、十二辰、二十八星宿的信息；依郑玄之见，十个天地之数对应五行，引发四时的流转，五行之气得以贯通，于是可以从55中减5而余50。其他说法，不再赘言。

具体说来，“衍”通演，谓演算。此即今日算术中所言演算这一称谓的由来。小学生、中学生数学练习本称“小演草”、“大演草”，也从此来。“大衍之数”，即运用“大衍筮法”进行蓍筮占问时所需蓍草的总数。所需总数为50，称50策。策就是根。50策中拿去1策置于一边不用，所用为49策。拿去1策置于一边，盖谓以此接通宇宙本始之太极。《系辞上传》说：“《易》有太极，是生两仪。”“太极”当谓阴阳二气尚未分化的宇宙本始状态，而“两仪”，则谓太极分化所成的宇宙间两个最大的象，即天与地。“分而为二”，谓将49策蓍草信手分成两份，置于左右两边。“象两”，谓用以象征天与地：左边蓍草象征天，右边蓍草象征地。进而谓筮占操作以此接通、感通天地。“三”谓三才。“挂一以象三”，言取右（一说取左）边蓍草1策挂于指间，以此1策蓍草表征人，由此而使天、地、人三才备具，而意味着筮占中三才皆进入了感通过程。主张取左边1策者，根据是人为万物之灵，最贴近而契合于天。主张取右边1策者，根据是人生活在大地上，贴近于地。“揲”谓分数（shǔ）。“揲之以四”，言4策4策地分数左右两边的蓍草。“象四时”，谓四四而分数之以接通、感通一年中的春夏秋冬四个季节。“奇”谓奇零，指四四分数后，左右分别所剩余的蓍草策数。左右所剩余的蓍草策数，分别为1、2、3、4不等。如果分数到最后还有4策蓍草，则仍应将这4策视为余策，而不可将其分数走，致令余策为0。“扐”，唐陆德明《经典释文》引东汉马融之说道：“指间也。”“归奇于扐”，即将左右四四分数之后所余蓍草之策，分别勒于指间。“象闰”，谓象征余日之累积而成闰月，意味着筮占接通、感通了闰月的信息。“五岁再闰”，谓5年之内将先后两次置闰。我国古代的历法是一种阴阳合历，二十四节气属于阳历，月建则属于阴历。月有大小之分，大月30日，小月29日；平年大小月各6个。一个太阳年为365又1/4日，一个阴历平年为354日，二者相差 11 又 1/4 日，三年的积差为 33 又 3/4 日，遂可置闰一次，闰月亦为 29 日。置闰后，尚余 4 又 3/4 日。约略再过两年，复可置闰一次。“再扐而后挂”，言 5 年内要先后两次置闰，筮占以接通之，所以仍需继续分数蓍草，勒其余策于手指间，从而定爻成卦。自“乾之策二百一十有六”至“当万物之数也”，详后。“营”谓操作。“易”谓变。“四营而成易”，言透过四度营为而完成一次变化。唐李鼎祚《周易集解》引三国时期东吴少壮派易学家陆绩之说道：“‘分而为二以象两’，一营也；‘挂一以象三’，二营也；‘揲之以四以象四时’，三营也；‘归奇于扐以象闰’，四营也。”其说可取。四度营为成就一变，三变确定一爻。一爻确定后，再将 50 策蓍草合拢，一如前述，再经三变，求取第二爻。如此，九变确定一经卦，十八变确定一别卦，是则“十有八变而成卦”。九变确定一经卦后，仅得一别卦的下卦，尚有一上卦未求得，是则仅为小有所成；唯有再来一九变以求得上卦从而确立起此别卦后，方称得上“大成”。所以说“八卦而小成”。言九变而小有所成，得八经卦中的某一经卦，显出六十四别卦中的某一别卦的下卦。再有九变，则大有所成，得八经卦中的又一经卦，显出六十四别卦中的某一别卦的上卦，从而全然显出该别卦。后世易学因称经卦为“小成之卦”，别卦为“大成之卦”。

详言之，可以确立一爻的每一三变，其操作过程大致如下：

先将所欲筮问的事项虔诚地“告知”业已备好的 50 策蓍草，然后即进入第一次的三变操作；其后的另五次三变操作，依例顺次进行。

三变操作中的第一变，先从备好的 50 策蓍草中，任意抽出 1 策置于一边，以接通、感通宇宙本始的太极；而将所余 49 策蓍草，再信手分而为二，置于左右两边，左天而右地，以接通、感通天与地。继而自右（或自左）边的蓍草中信手取出 1 策，挂于手指间，依照朱熹《周易本义》的《筮仪》之见，言挂于左手小指间，即左手小指与无名指之间，以昭示天、地、人三才之备具，人也进入到了筮占感通的过程。接下来即四四分数左右两边的蓍草。先以右手四四分数左边象征“天”的蓍草，其余策，如前所言，将 1、2、3、4 不等，朱熹《筮仪》说勒于左手无名指间，即左手无名指与中指之间；再以左手四四分数右边象征“地”的蓍草，其余策，亦将 1、2、3、4 不等，朱熹《筮仪》说勒于左手中指之间，即左手中指与食指之间。是所谓“揲之以四以象四时，归奇于扐以象闰”。一变由此而结束，各分别接通、感通了四时、闰月的信息。

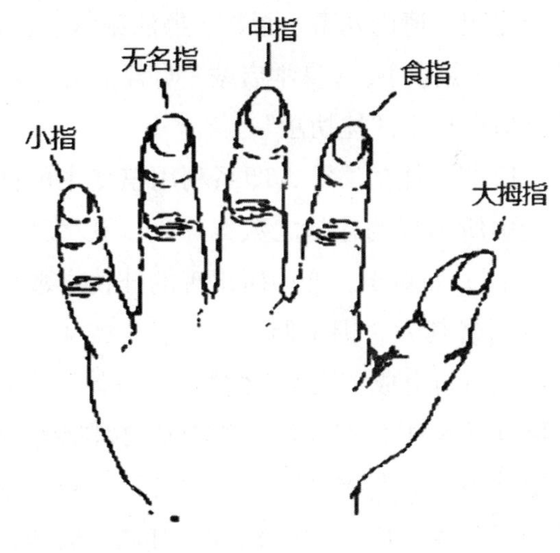

左手示意图

左右四四分数之后的余策，有一定规律可循：左余1，右必余3；左余2，右必余2；左余3，右必余1；左余4，右必余4。因此，第一变结束之后，左右两边所余之策加上所挂之一策，其和，后世易学名之为“挂扐之数”，显然将不5则9。而除此之外所剩余的蓍草策数，后世易学名之为“过揲之数”，意指左右两边四四分数过后所剩之策数，则将不44即40：49—5＝44；49—9＝40。

第一变结束之后，遂进入到第二变。第二变的操作程序，系将第一变终了之后所余之44策或40策蓍草，复如第一变，进行一番分二、挂一、揲四、归奇的四度营为。四度营为结束，即意味着第二变的结束。而在第二变中，左右两边四四分数之后的余策，亦有其一定之规律可循：左余1，右必余2；左余2，右必余1；左余3，右必余4；左余4，右必余3。因此，第二变结束之后的挂扐之数显然将不4则8。而其过揲之数，则将或为40，或为36，或为32：44—4＝40；44—8＝36，40—4＝36；40—8＝32。

第三变承续第二变，其操作程序仍如上，即对第二变终了之后所余之或40策、或36策、或32策蓍草，亦进行一番分二、挂一、揲四、归奇的四度营为。四度营为结束，第三变也就结束。在第三变中，左右两边四四分数之后的余策，与第二变完全相同。因此，第三变结束之后的挂扐之数，亦将不4则8；而其过揲之数，则将或为36，或为32，或为28，或为24：40—4＝36；40—8＝32，36—4＝32；36—8＝28，32—4＝28；32—8＝24。

三变结束之后，即可确定一爻了。具体确定之法，易学史上因识见的差异，曾经出现过“挂扐”与“过揲”二法。唐孔颖达《周易正义》、北宋刘牧《易数钩隐图·遗论九事·蓍数·揲法第八》，即曾显发过“挂扐法”；朱熹《周易本义·筮仪》、《易学启蒙·明蓍策第三》，则兼明“挂扐 ”、“过揲”二法，而又似乎稍重“挂扐法”。

所谓“挂扐法”，即系利用三变中的挂扐之数确定爻的一种方法。对于三变中所出现的挂扐之数5与4，孔颖达、刘牧名其为“少”，朱熹则名其为“奇”；而对于三变中所出现的挂扐之数9与8，孔颖达、刘牧名其为“多”，朱熹则名其为“耦（偶）”。名5或4为“少”为“奇”，是因5或4中仅含或约可折合成1揲蓍草之数（1揲蓍草为4策）；名9或8为“多”为“耦”，是因9或8中含有或约可折合成2揲蓍草之数。三变中，名“多”名“耦”之数9或8，与名“少”名“奇”之数5或4，其所可能出现的情形，不外乎如下几种：其一，9，8，8；其二，5，4，4；其三，5，8，8；其四，9，4，8；其五，9，8，4；其六，9，4，4；其七，5，8，4；其八，5，4，8。在这8种所可能出现的情形中，第一种被称为“三多”或“三耦”，第二种被称为“三少”或“三奇”，第三种、第四种、第五种被称为“两多一少”或“两耦一奇”，第六种、第七种、第八种被称为“两少一多”或“两奇一耦”。“三多”或“三耦”被称为“交”，可得一老阴之爻，记作“-- △”，术士则记作“×”；“三少”或“三奇”被称为“重”（音崇），可得一老阳之爻，记作“— △”，术士则记作“○”；“两多一少”或“两耦一奇”被称为“单”，可得一少阳之爻，记作“—”，术士则记作“、”；“两少一多”或“两奇一耦”被称为“拆”、“坼”，可得一少阴之爻，记作“--”，术士则记作“、、”。

所谓“过揲法”，则系利用第三变终了之后所得过揲之数确定爻的一种方法。第三变终了之后，其过揲之数或为36，或为32，或为28，或为24。对此四种可能出现的过揲之数分别除以4（因1揲蓍草之数为4），则将得出9、8、7、6四种数。9被称为老阳之数，可转换为老阳之爻；8被称为少阴之数，可转换为少阴之爻；7被称为少阳之数，可转换为少阳之爻；6被称为老阴之数，可转换为老阴之爻。阴阳老少之爻的记法，同上。阳爻之数大者称老、小者称少，阴爻之数反之，大者称少、小者称老。古人的理解和诠释是，阳的品格是刚健进取的，因之由小而大，小即为少而大即为老；阴的品格是柔顺退缩的，因之由大而小，大即为少而小即为老。以今人的视野，奇偶之数，不妨分别视为正负数。正数 9 大于 7，前老后少；负数—8 小于—6，前少后老。《周易》古经六十四别卦内诸爻爻题中的“九”、“六”，即分别源于此处作为老阳之数的 9 与作为老阴之数的 6 。

“挂扐”、“过揲”二法，所得结果完全一样。“三多（三耦）”之数 9+8+8=25，49—25=24，后者恰为“过揲法”确定老阴之爻的数。“三少（三奇）”之数 5+4+4=13，49—13=36，后者恰为“过揲法”确定老阳之爻的数。“两多一少”或“两耦一奇”之数 5+8+8、9+4+8、9+8+4=21,49—21=28，后者恰为“过揲法”确定少阳之爻的数。“两少一多”或“两奇一耦”之数 9+4+4、5+8+4、5+4+8=17,49—17=32，后者恰为“过揲法”确定少阴之爻的数。

人们常说：物极必反。物极必反是物事变化的一般性规律。这应当说是由《易》所鲜明揭示的。《周易》中的数与卦爻画，就要符示这一规律。筮占中所得之老阳之爻，符示着阳已至乎其极，极则将向阴转化而去；筮占中所得之老阴之爻，符示着阴已至乎其极，极则将向阳转化而去。而筮占中所得之少阳之爻与少阴之爻，则分别符示着阴与阳处于保持其自性的静而不变的状态。因此，后世易学总结出这样的一句话：老变而少不变。意谓老阳之爻当变为少阴之爻，老阴之爻当变为少阳之爻，而少阳、少阴之爻则不发生动变。《系辞下传》称：“吉凶悔吝者，生乎动者也。”物事发生动变则会有吉凶悔吝之事发生，物事不发生动变则不会有或吉或凶或悔或吝之事发生。因此，《周易》古经的乾与坤两卦之中分别有“用九”、“用六”之语，提示人们，与爻辞相对应并构成“互诠互显”关系的，是由老阳之数 9 或老阴之数 6 转换而来的动变之爻；动变之爻符示动变及由动变所引起的吉凶悔吝情状，爻辞遂就此作出相应的诠释。爻题之以“九”、“六”名之，其所以然之故，亦为此：爻辞是动变之爻的爻辞，爻题也就只能是动变之爻的爻题；动变之爻由 9 或 6 转换而来，其爻题遂以“九”、“六”标出。

明乎此，我们再来解读一下前所引《系辞上传》自“乾之策二百一十有六”至“当万物之数也”一段文字。

由以上的析论可知，《周易》古经中由爻题之“九”、“六”所提示的动变之爻，其所由以转换来的数字 9、6，分别代表 9 揲 36 策蓍草之数和 6 揲 24 策蓍草之数。同样，作为不动不变之爻的少阴少阳之爻，它们所由以转换来的数字 8 与 7，则分别代表 8 揲 32 策蓍草之数和 7 揲 28 策蓍草之数。乾卦六爻纯阳，视此六爻皆为动变之爻，则乾卦六爻所由以转换来的蓍草总策数即为：36 策 × 6 = 216 策。坤卦六爻纯阴，视此六爻皆为动变之爻，则坤卦六爻所由以转换来的蓍草总策数即为：24 策 ×6 = 144 策。所以称“乾之策二百一十有六，坤之策百四十有四”。216 策＋ 144 策＝ 360 策。“期”谓一岁，一周年。一岁的光阴以整数言之约为 360 日，乾坤两卦 12 爻所由以转换来的蓍草策数之总和与之相当，所以又称“当期之日”。“二篇”，谓《周易》古经的上下两篇。《周易》古经的上下两篇由六十四别卦的经文系列所组成。六十四别卦共有 384 爻。而在此 384 爻中，阴阳爻均平，即阴爻、阳爻各有 192 爻。如视此 192 阴爻与 192 阳爻皆为动变之爻，则它们所由以转换来的蓍草总策数即为：192 ×（24 策＋ 36 策）＝ 11520 策。所以又称“两篇之策万有一千五百二十”。此一策数，约与人们所常说的万物之数相当，因此说“当万物之数也”。实则如视《周易》古经六十四卦中的阴阳爻皆为少阴、少阳的不动不变之爻，则此 384 爻所由以转换来的蓍草总策数同样亦为 11520 策：192 ×（32 策＋ 28 策）＝ 11520 策。

言“象两”、“象三”、“象四时”、“象闰”、“当期之日”、“当万物之数”等等，即旨在说明，筮占者立足于特定时点或时段，以古经为因机发用的解疑后盾，透过灵异蓍草为媒介所展开的分策极数的筮占操作，已向全幅视野下的时空一体的感性宇宙大化洪流中的一切开放，丝毫无隔地密切契应、感通着其间的天地、三才互动之局、四时、月及其闰与再闰、岁以及万物等，故而感通能够顺畅而迅疾地实现，达成知来而有效趋避之目的。

显然，“大衍筮法”的确过于复杂，这对以筮占谋生的江湖术士、算命先生而言，也是不利的，于是后世即有人对筮法的简化问题进行了专门的探索。探索的结果，有人即推出了“以钱代蓍法”，即将筮占的中介物由蓍草改为钱币。相传，这种“以钱代蓍法”的发明人，是西汉时期的著名易学家京房。他发明此法之后，一直到唐代才渐次推广开来。此法的提出，当受启于“大衍筮法”下的“挂扐法”。古人认为，以此法行占，乃以三枚硬币作为筮占的中介物，先以至诚之心将所欲筮问的事项面对硬币而相告，继而再抛掷硬币。抛掷时，系以一枚硬币当“大衍筮法”中的一变，又以一枚硬币的正面（而非背面）当“大衍筮法”中以“挂扐法”定爻的“多”或“耦”，以一枚硬币的背面（而非正面）当“大衍筮法”中以“挂扐法”定爻的“少”或“奇”。所谓硬币的正面，如术士所经常用的清乾隆年间的铜币，其带有“乾隆通宝”字样的一面即是，又如今日所流通的硬币中，带有“5角”字样的即是；所谓硬币的背面，如乾隆通宝刻有满文的一面即是，又如今日所流通的硬币中，带有国徽图案的一面即是。具体抛掷时，亦只会有四种可能的情形出现：其一，三个全是正面；其二，三个全是背面；其三，一正两反；其四，一反两正。三个正面谓之“三多”或“三耦”，是为“交”，可确定一老阴之爻；三个背面谓之“三少”或“三奇”，是为“重”，可确定一老阳之爻；两反一正谓之“两少一多”或“两奇一耦”，是为“拆”或“坼”，可确定一少阴之爻；两正一反谓之“两多一少”或“两耦一奇”，是为“单”，可确定一少阳之爻。如此，三枚硬币抛掷一次即可确定一爻，抛掷三次即可确定一个经卦，抛掷六次即可确定一个别卦了。这较之以50策蓍草为中介物而行占的“大衍筮法”，自然是简单方便多了。当下，一些人想当然地以硬币正面相当于大衍筮法中的“少”或“奇”，为阳性者；以硬币背面为“多”或“耦”，为阴性者，完全偏离了古人的基本识见。在古人的视野下，筮占预知的是未来，未来尚未显现。显现者属阳，隐而未现者属阴。所预知的未来之事之阴阳，与当下的阴阳，刚好相反。

相对于以蓍草为媒介的“大衍筮法”之称“大衍”，这一“以钱代蓍法”被称为“小衍”。对于“以钱代蓍法”，易学史上历来存有两种不同的看法。赞同者誉其简易，认为与

乾隆通宝与一元人民币

蓍筮所用的中介物虽不同，但只要“心诚”就“灵”，关键要看占者“心诚”与否。反对者则斥其产生于人的贪图简易的懒惰心理，认为欲行筮占就不应视繁难为一个问题，视繁难为问题，乃是与筮占的诚敬精神背道而驰的。

在以上对“大衍筮法”解读的基础上，《易传》不仅如此理解蓍草在筮占中所具有的神妙感通之功用，而且如此理解龟在卜问中所具有的神妙感通之功用，而称：“探赜索隐，钩深致远，以定天下之吉凶、成天下之亹亹（wěi wěi，孜孜不倦）者，莫大乎蓍龟。”不仅如此理解卜筮媒介在卜筮操作中所具有的神妙感通之功用，而且如此理解《周易》其书在筮占中所具有的神妙感通之功用，而云“君子将有为也，将有行也，问焉而以言，其（谓《易》）受命也如向（响），无有远近幽深，遂知来物，非天下之至精，其孰能与于此”；“《易》无思也，无为也，寂然不动，感而遂通天下之故，非天下之至神，其孰能与于此”（《系辞上传》）。在《易传》看来，《易》出于圣人之手；当初圣人创作《易》时，首先即是基于借筮占以妙感大化从而实现上述感通之考量，所谓：“昔者圣人之作《易》也，幽赞于神明而生蓍，参天两地而倚数。”（《说卦传》）因此，人生日用中，人们自宜借重《易》的这种感通功用，“以卜筮者尚其占”（《系辞上传》）。透过上述感通，人确立起置身宇宙大化洪流之中的前瞻性视野与智慧。《易传》认为，针对任何特定筮问事项，借助蓍草与《易》，人随时即可实现上述感通，确立相应的前瞻性视野与智慧。显然，因为蓍草以及作为系统整体的《易》，能够针对所有筮问事项，开启人的前瞻性视野与智慧，所以二者就突显出不为任何具体时空、物事所囿限，决然圆通一切的难可测度与言诠的神妙品格；而卦，则系因特定筮问事项而呈现，它所符示的只是特定大化情状，它所能开启的只是人置身此一特定大化情状下的前瞻性视野与智慧，所以它所突显的，则是执定于具体时空、物事，是一则一、是二则二，方正而不可改易，定然如是的正大智慧品格。蓍草以及作为系统整体的《易》以其圆通一切的神妙品格而可预知未来，而这种对未来的预知，具体落实到具有方正不易智慧品格的诸卦所符示的形形色色的大化情状中。诸卦所符示的一切，随着一次次筮占的完结而既成事实，转瞬成为过去态。卦的这种方正不易智慧品格，遂又落实为与预知未来相对待的储藏以往。未来与以往相对而显，但却瞬间即接续实现着前者向后者的转化。于是在筮占中，《易》积淀下了知来与藏往双方面的深厚底蕴。圣人也正是因此借助蓍草与《易》，透过筮占，以知来藏往的。所谓“蓍之德圆而神，卦之德方以知，六爻之义易以贡。圣人以此洗心，退藏于密，吉凶与民同患。神以知来，知以藏往”（《系辞上传》）。由此，借筮占人得以打通过去、现在和未来，成为置身由过去通向现在、由现在通往无限久远的未来的宇宙大化洪流中的彻然无蔽而明通的存在。《易》的筮占功能与特色，就这样被《易传》保留了下来，并成为它所建构起的全新易学天人之学的不可或缺的重要内容之一。

（作者单位：山东大学哲学与社会发展学院）

“二南”新论

冯潇屹

《诗经》中《周南》、《召南》的含义历来众说纷纭，特别有关“南”的讨论，莫衷一是。从两汉以至今日，从未断绝。笔者以为历代各家说法均不能合理解释“二南”何以以“南”名？何以分周召？以及二南何以属“风”而为《诗》之首？历代诸说多只从某一角度立论，一旦将之置于《诗经》体系之中，往往顾此失彼。所以两千多年来，没有一种说法能打消人们的疑惑，令人信服，平息有关“二南”的争论。

现在，随着地下出土材料的丰富，笔者就“二南”问题试着提出一种全新的看法，即提出西周初年“南方殷商文化圈”的概念，进而认为《周南》、《召南》是由周公、召公主持整理，其创作主体是来自长江中上游的南方殷商文化圈遗民。笔者将“二南”置于整部《诗经》以及当时的整个时代背景之下全面地考察，并使新说建立在扎实的文献与考古材料的基础之上，以期此说能尽可能完满地解释“二南”留下的诸多疑惑。

秘密藏在楚简里

1993 年冬，湖北省荆门市郭店村一号楚墓出土了八百余枚竹简，含多种古籍，震惊学界。次年春，在香港古玩市场也陆续出现了一些竹简。在时任上海市博物馆馆长马承源先生的主持下，上博分两次收入了一批竹简，并在全国邀请李零、曹锦炎等多位简牍文字专家进行整理、释读工作。1998 年，荆门市博物馆编写的《郭店楚墓竹简》一书由文物出版社出版，而马承源主编的《上海博物馆藏战国楚竹书》也于2001年开始由上海古籍出版社陆续出版，一时间掀起了一股简帛文字热潮。而在这两批竹简中，有关《礼记·缁衣》篇与今本的一处不同引起了我的注意。《十三经注疏》本《礼记·缁衣》这一段作：

> 子曰："南人有言曰：'人而无恒，不可以为卜筮。'……"

而郭店简《缁衣》作：

> 子曰：宋人又（有）言曰：人而亡貣（恒），不可为卜箬（筮）也……

上博简《紂衣》亦作：

> 子曰宋人又言曰人而无外

孔颖达疏曰："南人，殷掌卜之人……"这实在令人浮想联翩。众所周知，宋乃殷遗，当年周公平定武庚叛乱后，便将微子启封于宋。巧的是卫灵公夫人南子也恰是宋女。

《汉书·艺文志·数术略》在《夏龟》后有《南龟书》，刘师培疑为"商龟"之误："南商形近，南疑商讹。"李零则根据上述材料直言："'南龟'是宋龟"。刘师培说"南商形近"，实不敢苟同，南、商二字自甲骨金文以至小篆隶书，诚不见相似，可即使如此，我们也越发佩服老先生。在尚不知楚简之时，即便二字字形全然不同，老先生凭着惊人的洞察力，也有足够自信断言："南"即"商"。

我断定"南"之一字与殷遗必有莫大关系。虽然宋恰在鲁卫之南，可据两周诸侯国舆地常识，若以方位称之，鲁亦可称宋为"西"，卫亦可称宋为"东"。另据傅孟真《夷夏东西说》所强调："自东汉末以来的中国史，常常分南北……但这个现象不能倒安在古代史上。……在三代时及三代以前，政治的演进，由部落到帝国，是以河、济、淮流域为地盘的。在这片大地中，地理的形势只有东西之分，并无南北之限。历史凭借地理而生，这两千年的对峙，是东西而不是南北。”可知，东汉以前，至少在先秦，人们心中东西之概念是比南北之概念要强的。如此，无论孔子或卫人，若说称宋人为南人只因宋在鲁卫之南，便觉牵强。但何以如此？为何“南”与殷遗有关？

盘龙城中有故事

1954年秋，武汉市文物管理委员会在配合武汉防汛工程的考古调查中，在武汉市黄陂区滠口镇叶店村境内发现了盘龙城城址及附近的杨家湾遗址。其年代上限大约相当二里头文化二期或三期偏早，即夏代末年，并一直延伸到二里岗上层二期晚段，即商代中晚期。《盘龙城：1963年—1994年考古发掘报告》指出盘龙城“城垣的夯筑方法与技术、城内大型宫殿基址的布局、深窖穴、祭祀坑的特点、木椁墓及埋葬习俗中的熟土二层台、殉人、腰坑内殉狗，以及葬式中仰身和俯身等葬俗，都与商文化有着极大的共性和一致性。”“出土大批的青铜礼器、兵器和工具。礼器中的觚、爵、斝、盉、卣、尊、罍、鼎、鬲、甗、簋和盘的形制与商文化的同类器近同；兵器中的戈、矛、钺、刀、镞和工具中的镬、锛、斨、凿都是商文化中所具有的。”“盘龙城遗址中出土的四组陶器”中，“甲组陶器中的罐、鬲、甗、斝、爵、杯、盆、豆、壶、瓮、大口尊和罍等与郑州商代二里岗出土的同类器物十分相似……”“总观盘龙城遗址出土的商代陶器，以具有中原商文化特征的甲组陶器数量最多……”

这样一座典型南方商代大型宫城的发现使我们意识到，早在商初，商文化就已深深渗入南方江汉流域。事实上，文献早有记载，只是可能我们未曾注意罢了：

《诗经·商颂·殷武》：

> 挞彼殷武，奋伐荆楚。罙入其阻，裒荆之旅。有截其所，汤孙之绪。维女荆楚，居国南乡。昔有成汤，自彼氐羌，莫敢不来享，莫敢不来王，曰商是常。

[经]

今本《竹书纪年》：

二十一年，商师征有洛，克之。遂征荆，荆降。

《吕氏春秋·异用》：

汉南之国闻之曰：“汤之德及禽兽矣！”四十国归之。

《越绝书·吴内传》：

当是时，荆伯未从也。汤于是乃饰牺牛以事。荆伯乃愧然曰：“失事圣人礼。”乃委其诚心。此谓汤献牛荆之伯也。

与文献相印证，盘龙城亦非孤城。早在1981年，《求索》杂志就刊载了时任湖南省博物馆馆长高至喜的论文《“商文化不过长江”辨》。湖南出土的商代青铜器及发现的其他商代遗址已遍及安化、桃源、石门、华容、岳阳、宁乡、长沙、湘乡、湘潭、醴陵、衡阳、邵阳、常宁、澧县、辰溪、浏阳、安仁、衡山等地。湖北境内除盘龙城外，商前期遗址还有黄陂袁李湾，新州阳逻香炉山，随县淅河、西花园，庙台子，江陵南寺，张家山，阳新路铺，黄冈螺蛳山和大冶铜绿山等遗址。江西境内有吴城、万年和新干等商代遗址。另外，广汉三星堆虽有鲜明地域特色，但其受中原商文化的影响也毋庸讳言，这影响可能恰是自湖北、湖南沿江而上传来的。不仅如此，福建漳浦眉力、香港南丫岛大湾甚至越南永富省的冯原遗址、Xom Ren遗址出土的牙璋都透露出其深受中原商文化影响。且殷代卜甲亦来自南方，亦为其联系密切之证，近年金沙遗址中就有巨型龟甲出土，这又让我们联想到《礼记·缁衣》的孔疏：“南人，殷掌卜之人……”

更重要的，李学勤先生曾指出：

1962年，在湖北江陵万城的一座墓葬中，出土了一批西周前期的青铜器，有几件有族氏“北子，冎”铭文。我们知道，冎（“爯”字、“冓”字所从）是商代铜器最重要的族氏之一，曾见于安阳侯家庄1550大墓，估计是商朝的王族。这个族氏在湖北地区出现，表示在商朝覆灭后，那里还居住着商贵族的遗裔。类似的情形，在中原以及北方曾多次有所发现。

同年，在湖南宁乡张家坳出土两件青铜器，其中一件饕餮纹分裆鼎，有“已，冎”铭文。1963年，从宁乡炭河里的河流中发现一件饕餮纹卣，铭“癸，冎”。这两次连续发现告诉我们，在商代晚期，冎这个奴隶主家族的活动已经越江，到了洞庭以南。

即是说，周初江汉流域居住着商贵族已有考古铁证。李先生还提到《荆南萃古编》里的一件西周前期凤纹鼎，传出宣都沙湾，铭文作：“作父戊宝隮彝，𢍰。”“𢍰”也是商人族氏。不过李先生表示没有见到原器，不敢断定铭文真伪。

而湖北黄陂鲁台山墓葬群出土的长子狗鼎之长氏为箕子后人，而出土该鼎的墓葬主人恰可能是召公孙女或孙女婿，长子狗本人可能正是召公的孙女婿。关于殷民南迁，亦有文献可征。《孟子·滕文公下》说：

周公相武王，诛纣伐奄，三年讨其君，驱飞廉于海隅而戮之。灭国者五十，驱虎、豹、犀、象而远之。

远“虎豹犀象”之何处？《吕览·古乐》恰有记载：

商人服象，为虐于东夷，周公遂以师逐之，至于江南。

此亦为殷民南迁之证，（关于商末周初象南迁之事，详见胡厚宣：《楚民族源于东方考》）结合前文所说西周对江汉的征服始于昭王，历时百年，可知至少在西周中期以前，南方大部仍保有浓厚的殷文化气质。这气质甚至从未曾消退，到后来楚国崛起，这种殷商文化传统可以说依然以楚文化的形态存在着。殷、楚文化相似，皆信鬼好巫，（《汉书·地理志》言楚“信巫鬼，重淫祀”）我们从《楚辞》、《山海经》以及种种先秦史料的蛛丝马迹里不难发现殷文化对楚文化影响之深。许多学者甚至直接认为楚源于殷，或者殷楚同族，譬如胡厚宣（《楚民族源于东方考》），譬如郭沫若（《中国史稿（第一册）》、《两周金文辞大系·自序》）。我不讨论楚是否源于殷，但至少，殷文化对于楚文化的影响应被承认。所以，尽管周公制礼作乐忙得不亦乐乎，但在相当长的时间里，在南方，特别是江汉流域，殷商文化依然是主旋律。（关于楚文化保有远古巫史传统，参阅李泽厚：《美的历程》、《华夏美学》）所以我提出，西周初年应当存在一个“南方殷商文化圈”。

上世纪六十年代，徐中舒先生曾在《巴蜀文化续论》一文中不经意提到：“殷族向南方逃亡只是一部分渡过了长江，大部分还是向淮汉流域西迁。西周铜器每以南夷、东夷并称，这都是接近于周南、召南地区的位置。”先生言止于此，不知其中乃大有未发之覆。

至此，我们了解到“二南”诗的创作地域深受殷文化影响，而“南”之一字与殷遗又有千丝万缕的关系，但就此断言“二南”乃殷遗之作，为时尚早。而我们的材料还远不止于此。

西周燕召“铜”证在

上节提到，据出土材料，召公孙女婿恐为箕子后人。其中藏着十分重要的信息，对“二南”而言，召公是非常重要的角色，其身世恰是解开“二南”种种谜团的一把钥匙，我们的证据来自出土的西周燕召青铜器。

郑州大学任伟教授在《西周金文与召公身世之考证》一文中遍举了考古发现的西周燕召诸器之铭文：

1.《匽侯旨作父辛鼎》铭曰：“匽侯旨作父辛尊。”（《集成》4·2269）

此鼎为一实足、中腹、圜底之圆鼎，应为西周康王时器。

2.《伯宪盉》铭曰：“伯宪作召伯父辛宝尊彝。”（《集成》15·9430）

此器分档，四足、口下及盖上各有两周弦纹，别无其他装饰。器经《颂斋吉金续录》著录：“器通盖高六寸四分，口径三寸七分。”器、盖同铭而行款略异。器今不知所在。此器由器形及铭文字体看，当为西周康王时器。

3.《憲鼎》铭曰："唯九月既生霸辛酉，在匽，侯赐憲贝、金，扬侯休，用作召伯父辛宝尊彝。万年子子孙孙宝光用，大保。"（《集成》5·2749）

此鼎口部呈桃圆形，敛口，中腹弛垂，柱足。口下有两周弦纹，别无纹饰。器高 24.8，口径 19.6 厘米。器藏清华大学。为西周康王时器。

4.《伯龢鼎》铭曰："伯龢作召伯父辛宝尊彝。"（《集成》1·2407）

此鼎柱足、立耳、圜底、腹微垂，应为西周康王时器。

5.《龢鼎》铭曰："龢作召伯父辛宝尊彝。"（《集成》14·9089）

6.《叔遂尊》铭曰："叔遂作召公宗宝尊彝。父乙。"

此器 1964 年出土于河南洛阳北窑 347 号西周墓。

很明显，殷代甲骨中常见的"日名制"，即祭祀对象的称谓加上某一天干的形式，居然堂而皇之地赫然在燕召诸器上出现了。

同时，论文继续指出：

一些周王畿及其附近地区出土的太保氏所铸铜器，其器铭首或末尾多缀有"太保"二字，且与铭中其他字句都有间隔，或"太保"单列。这种与殷商族徽制度相似的做法对于我们确定召公的身世也是很有帮助的。如：

1.《蕭方鼎（一）》三件，形制完全相同，均为夔足，饰夔鸟纹，腹部中央及四角饰有八条扉棱。鼎上铭文书写格式一致，均为"蕭作尊彝，太保"（《集成》4·2157 —2159）。"太保"二字与其前的字句有一段间隔。

2.《蕭鼎（二）》铭曰："太保，蕭作宗室宝尊彝。"（《集成》4·2372）方鼎，器藏日本黑川古文化研究所。高 24.5 厘米，饰夔龙兽面纹，四面、中央、四角及足跟部均有扉棱。"太保"二字与后面的字句相隔一段距离。

3.《作宗室簋》铭曰："大保。作宗室宝尊彝。""大保"二字在器壁，其他字在器底（《三代》6·42）。康王时器。

4.《嘼戈》，戈的一面铸“太保”二字，另一面铸“嘼”字（《集成》17·10954）。此戈出土于河南洛阳北窑西周墓中，为中胡二穿戈，援背略微拱曲。援中有脊，援后部有突起成浮雕状的夔首纹。

5.《嘼戟》一面铸“太保”二字，另一面铸“嘼”字。此器1931年出土于河南浚县辛村卫国墓地。纵长21.3厘米，援已大部分折断，长胡三穿，穿作狭长方形孔，胡和勾亦大部分折断，著秘的内两侧各有一牛首（或牺首）形饰纹，内的端部作牛角形。此器当为周初康王时器。

6.《嘼鼎》铭曰：“嘼作尊彝。大保。”（《史徵》卷3上14）“大保”二字与前面四字有间隔。为康王时器。

7.《册鼎》铭曰：“册作宝尊彝。大保。”（《三代》3·10）“大保”二字与其前六字有间隔。康王时器。

以上几器，从其铭文句首或末尾缀有“太保”氏名看，作器者都应是留在王朝继承召公为太保氏的召公后代。铭中“太保”二字，“从其所处位置特殊、字形书体也比较奇特这两点来分析，与商代旧有的族徽无大区别”。正如周氏族人不用日名一样，周氏族人也是不用族徽的。而在此一问题上，召公家族又成了特殊的一员。

即是说，无论是分封在燕的召伯，还是留在王畿的周王室太保，召公家族使用的“日名”、“族徽”都是殷人传统而非周人习惯。何以如此？我们不得不重新审视一下召公的身世。

《史记·燕召公世家》所言“召公奭与周同姓，姓姬氏”究竟何意？诚然，既与周同姓，想来是有血缘关系，可这关系亲疏至何种程度便要好好考虑了。按正常逻辑，若召公与文、武、周公亲缘关系很近，我们会说“召公奭与周同姓”吗？司马迁如此措辞，已透露了很多信息：召公奭即便和周王室有亲缘关系，也是十分久远的事了——怕是早出五服了！《尚书·周书·君奭》第一句就说：

召公为保，周公为师，相成王为左右。召公不说，周公作《君奭》。

召公何以“不悦”？众说纷纭，莫衷一是。而周公言辞之间亦有丰富信息：

君奭！弗吊，天降丧于殷。殷既坠厥命，我有周既受。

周公为何开头就说殷已灭亡，天下已落在周人手中？又为何尊称召公为“君奭”？不但如此：

今在予小子旦，若游大川。予往暨汝奭，其济小子。

这会是亲戚间的口气吗？

公曰：君奭！我闻在昔成汤既受命，时则有若伊尹，格于皇天。在太甲，时则有若保衡，……率惟兹有陈，保乂有殷。故殷礼陟配天，多历年所，天维纯佑命。则商实百姓，王人罔不秉德，明恤小臣。屏侯甸，矧咸奔走，惟兹惟德称，用乂厥辟。故一人有事于四方，若卜筮，罔不是孚。

公曰：君奭！天寿平格，保乂有殷，有殷嗣，天灭威。今汝永念，则有固命，厥乱明我新造邦。

周公为何盛赞殷礼后说召公“永念”、“殷嗣”？张政烺说“此周公述殷代之旧闻也。……盖保者官名，衡者人名，犹召公称保奭或大保奭也。”《“奭”字说》可见“保”为殷代官名，而西周的大保或太保，在文献和金文中，都只有召公一人而已（张亚初、刘雨：《西周金文官制研究》）。

种种迹象暗示着这么一种可能：召公不仅并非周王近亲，反倒和殷商很暧昧。

我们来看殷墟卜辞：

“己酉卜，召方来，告于父丁。”（《合集》33015—33016）
“辛未卜，在召庭，唯执，其令飨史。”（《通》615）
“壬申卜，御召于繐。”（《合集》33030，历）

[经]

“丁未贞，王征召方在釜卜九月。”（《合集》3025反，历）

召方为殷商属国应无疑，而商王也曾征伐召方。兹推测如下：召方长期作为殷商属国，受商文化影响甚深。殷商后期，商王征伐召方，召方亦反，于是同远亲周族结盟伐商，而召公即来自召方王族。

不过这与“二南”又有何关系？

从《君奭》可以看出，周、召的关系很蹊跷。可帝辛已死，殷商已灭，周公为何似乎仍有求于召公？因为召公掌握着商文化，如此理解，我想亦无不可。前文已说，周代商祚，实是落后文化征服先进文化。《论语·八佾》有：“哀公问社于宰我。宰我对曰：‘夏后氏以松，殷人以柏，周人以栗，曰：使民战栗。’子闻之曰：‘成事不说，遂事不谏，既往不咎。’”透露出原始周文化的野蛮落后，又有“周因于殷礼”（《论语·为政》）。周公要制礼作乐，就一定学习殷文化。而且，武伐纣还是小部族征服大部族，是“小邦周”征服“大邑商”，当时尚有大量殷遗，至少，要表现出对殷文化的尊重，而编纂“二南”就是学习、尊重殷文化的重要措施。太保玉戈铭文恰可佐证这一合理推测，参考李学勤先生的训释（《太保玉戈与江汉的开发》），铭文用今字写出如下：

六月丙寅，王在丰，令太保省南国，帅汉，遂殷南，令厉侯辟，用驺走百人。

太保即召公，他沿汉水省察南国，南国诸侯殷见周王。这也是对南方的安抚措施。我相信，周王室派召公奭去省察南土，绝非随意为之。

只有厘清了上述背景，我们才有可能理解“二南”的本义：正是在文化落后的“小邦周”征服了文化先进的“大邑商”，面对大量殷遗，周公、武王“自夜不寐”（《史记·周本纪》），且南方保有殷商文化传统，召公又掌握着殷商文化的背景下，周公才要与召公一起整理“二南”，以尊重、学习殷商文化，安抚殷商遗民。《史记·鲁周公世家》言“及成王用事，人或谮周公，周公奔楚。”周公何以奔楚？了解了以上背景后，理解“周公奔楚”便有了新的思路：这可能不是简单的出奔，怕是和“太保省南国”、“殷南”

同样的道理。

子云《方言》可佐证

《方言》藏着众多古代地理文化信息，翻开此书，我们会更加确信上述推论。

宋卫乃殷遗之国，《方言》里宋卫方言与“二南”地域尤其是与楚地方言相同之处却比比皆是：

> 众信曰谅，周南、召南、卫之语也。
>
> 悼、惄、悴、慭，伤也。自关而东汝颍（按汝水、颍水皆淮水中上游支流，其流域即现在河南、安徽、湖北三省交界一带。）陈楚之间通语也。汝谓之惄……宋谓之悴，楚颖之间谓之慭。

钱绎笺疏曰：“《周南·汝濆》篇‘惄如调饥’……”

> 宋卫汝颍之间曰恂。
>
> 陈楚周南之间曰窕。

可见二南之地与楚、宋、卫方言皆有相通之处。

> 宋楚之间谓之倢……
>
> 宋卫南楚凡相惊曰獡……
>
> 辕，楚卫之间谓之辀。
>
> 宋卫荆吴之间曰融。

以上几条更是直接指出宋卫与楚方言的联系。而《方言》中还有大量提到陈楚宋魏四地方言相同之处。如：

> 箕，陈魏宋楚之间谓之箩。

篝，陈楚宋魏之间谓之墙居。

陈在江淮流域，距楚很近；魏距宋、卫很近，而战国时卫国也正是沦为魏国附庸。《方言》中亦有“魏”、“卫”相混的情况，如：

陈楚宋卫之间谓之桮落……

钱绎《方言笺疏》注曰：“‘卫’原作‘魏’，据广本、徐本改。”

陈楚宋魏之间谓之筲……

笺疏曰：“卢氏云：宋本作‘宋卫’……”

我遍检《方言》全书，其言陈楚宋魏（卫）四地方言相同多达21处。此外还有诸如：

齐宋之郊，楚魏之际曰伙。

齐楚宋卫荆陈之间曰谯……

齐楚陈宋之间曰攋。……南楚或谓之攋。

周魏齐宋楚之间谓之定甲……

陈宋淮楚之间谓之毕。

梁宋齐楚北燕之间或谓之椾……

齐鲁宋卫陈晋汝颍荆州江淮之间曰庇……

其中燕齐与宋卫楚方言相同的条目其实十分重要。殷族起于东北，几成共识，燕齐之地可能是殷商故地，而殷与东夷的关系更暧昧得很，燕齐宋卫与楚地方言相同恰佐证了本文观点。《方言》成书之时，距商周易代之际已有千年，材料尚能如此丰富，江汉与宋卫之联系可见一斑。

余 论

至此，我基本说清了“二南”与殷遗的关系。最后，让我从《诗经》自身出发，再辅以文献旁证，略作申论，以结全文。

众所周知，作为殷遗之国，卫诗《邶》《鄘》《卫》不仅在次序上紧接“二南”，诗风亦与之相近。而《摽有梅》《野有死麕》此两首《诗经》中最开放露骨之诗恰皆出自“二南”，这不能不从殷文化较之西周礼乐文明开放的角度理解。至于“二南”在《国风》中，则说明其与诸《国风》性质一样，为一地之诗。其不以“风”称，且为《诗》之始的特殊性，则首先因其有特殊政治作用，地位重要；其次，非“南”不能明其殷商背景；再次，周南、召南实指地域，与诸《国风》无异，惟周、召有别，不可混而为一，盖因其余《国风》皆为单音节词，便加一“风”字；最后，也许“二南”定型是晚近的事，但其渊源必定很早，且有殷商遗风，当为《诗》之首。而孔子特别重视“二南”，（《论语·阳货》“人而不为《周南》、《召南》，其犹正墙面而立也与？”）也因孔子好古（《论语·述而》“述而不作，信而好古，窃比于我老彭。”）且为殷室之后故。（关于孔子及儒家的殷商背景，参阅胡适：《说儒》）

《礼记·乐记》说大武乐章时说：“且夫《武》始而北出，再成而灭商，三成而南，四成而南国是疆……”《礼记》成书于战国末年之儒家学派，所说历史未可尽信。不过为何“灭商”之后，接着就要“南”、“南国是疆”？儒家似乎没必要故意如此粉饰，显然，这也透露出当时南方还保存着较完整的殷商文化，西周统治者一面急于征服，但权衡利弊，又只能安抚为妥。“二南”编纂正是为此，好比康熙修《明史》、编字典、朝泰山、拜孔庙。

简而言之，笔者认为“二南”之“南”虽也指其创作地域，即南方江汉流域，但其传递的更重要的信息是其创作主体乃“南方殷商文化圈”之遗民。西周时，周文化的影响仍主要局限在中原地带，商文化在南方拥有深远影响。“南”之一字在周代文化语境中，与商文化是紧密联系的。而周召二公编纂“二南”则有着深远的政治意味。历代研究者由于材料的局限，未能意识到“南”字背后的深刻内涵，故无从把握“二南”本义。

（作者单位：山东大学尼山学堂）

闲话乡射礼

陆　吉

弓箭是上古时代人类为狩猎和战争而发明的武器。先秦时期，射箭就成为成年男子必须具备的技能，在教育内容中属于“六艺”之一。男子出生后，就让人代表他用一把木弓和六枝蓬箭以射天地四方，表示“天地四方者，男子所有事也”。

成年之后，男子要经常参加射箭活动，如果由于某种原因不能参加，就要以疾病为理由或借口推辞，可见不能射是非正常的。射箭活动大体分两类：一是为了习武，一是为了习礼。习武活动的射箭我们不谈，专就习礼之射说一下。

将射箭的竞技性作为礼仪内容，目的或在于选拔，或在于娱乐。射箭本身是属于武事，而且又要竞争比试，所以最容易生乱失序，因此将射箭竞技纳入礼仪的轨道，使人在竞争中培养、强化伦理秩序，也就是所谓长长、贤贤、尊尊的理念，这对儒家来说尤为重要，所以孔子说：“君子无所争，必也射争，揖让而升，下而饮，其争也君子。”在竞争中也要保持君子的风度。

射箭的礼仪活动由于阶层不同、目的不同、参与者不同又大体可以分为大射、宾射、燕射及乡射数种。《仪礼》中有《乡射礼》和《大射》两篇，我们这里先谈一下《乡射》。

所谓“乡射”，是由天子或诸侯属下的乡或州两级行政单位分别举行的射礼，仪式基本相同，所以实际上称作“州射礼”也未尝不可。如果是由乡举行的，那么由乡大夫做主人，在乡的学校——“庠”中进行，其目的是乡大夫向朝廷推荐士的人选后又在其乡中征求询选下一次准备推荐的人才。如果是由州举行的，则由州长做主人，在春秋两季于州的学校——“序”中进行，目的是“会民习射”，一般就由无官位的士作为正宾，但如果有大夫前来参加，则要以有官位的士做正宾。

乡射是一种礼仪活动，所以要强调从礼仪的角度制定观察评比的标准。这标准有五项：一曰和（志正体和），二曰容（行动举止），三曰主皮（射中靶心），四曰和容（射时符合音乐节奏），五曰兴舞（执弓矢舞蹈的姿态）。

从程序上看，所谓“卿大夫士之射也，必先行乡饮酒之礼”，实际上也就是在乡饮酒礼的程序中加上了竞射作为主体内容。具体一点说，就是为主人与宾及众宾献酬行礼毕又演奏音乐之后就开始竞射，竞射结束再进行旅酬和无算爵。否则如果等饮酒结束，大家都快要到“酩酊无所知”的状态了，再进行竞射，那场面就可想而知了。当然，虽说是“先行乡饮酒之礼”，但比起正式的乡饮酒礼在程序上也是略有不同的，比如说有“介”（副宾），奏乐时也只有“合乐”，简化掉了“升歌”、“笙奏”、“间歌”等。这里，我们就只大略说一说竞射的过程，因为其他都大同于乡饮酒礼。

首先，既然要举行射礼，那么有关的射具提前就准备好了。如射侯（箭靶）一开始就设立在庭中，因为它是用布制作的，所以还没开始射时就要把它的左下角右上方先卷掩起来，等到竞射开始时再张设好。

主持竞射的有两个人：一个是司马，也就是在饮酒礼时担任司正的那个人（竞射结束后他又恢复司正的身份，在乡射礼中他有两次角色转换）；另一个是司射，由主人的属吏担任。这两人指挥着竞射的整个过程。

先说一下竞射的大体位置。侯（箭靶）立在庭中偏南，东西之中，距离堂一般是 30 丈。侯的西北方设“乏”，也叫“容”，和一个小屏风差不多，由皮革制成，唱获者（报靶员）跪坐在里面（小皮屏风是为了安全挡住堂上的射者万一射歪了的箭）。在“乏”的北面偏西又设了释获者（用筹码计算成绩的人）的位置。堂上的地下东西并列画两个十字，叫做“物”，是竞射者站立的位置。竞射时两人一对，称作“耦”，由宾的一方做“上射”，站在两边的“物”上，由主人一方做“下射”，站在东边的“物”上。每人每次射四支箭。用筹码计算两方射中的多少也就是以双方的总分来决定胜负，负的一方要被罚酒。

从整个竞射过程说，要进行三次竞射，称为“三番射”。射前要先选出三对人（六人）来，称作“三耦”。第一番射时首先由司射来做示范，射四支箭。每当射中了时报靶员都要喊一声，称作“唱获”。但不用筹码计算成绩，也不罚酒。三耦射完，司马指挥着人在庭中安放下“楅”（盛放箭的架子），又让人放上三耦所用的箭。

第二番射开始时首先由司射将参与竞射的双方人员搭配成对，分配好每人的弓箭。为释获者安置好盛筹码的器具——“中”和筹码。于是以三耦、宾主人、大夫、众宾为序一对一地竞射。这一次就要计数定胜负了。释获者每次在“中”里放八支筹码（每人射四箭，每队则射八箭）。宾一方得分的筹码放右边，主人一方得分的筹码放左边，最后以总数相比较而确定胜负，胜的一方向负方一对一地罚酒，唱获者还要以酒祭“侯”。同时司马已经让人将下一番射所用的箭都在“楅”中准备好了。

第三番射开始，三耦、宾、主人、大夫、众宾都到“楅”中轮流取四支箭。但射的时候音乐人员要奏《驺虞》乐曲，射箭的动作要与乐曲的节奏配合好。（也有人说，当奏《驺虞》时，三耦以及众人还有拿着弓矢舞蹈的程序，即所谓“兴舞”。不过从《仪礼》本篇中没见这一内容。）至于其余的程序，则与第二番射基本相同。

第三番射结束后，收拾好所有的射具，开始进行旅酬和无算爵，又回到乡饮酒礼的过程了。

乡射礼后世逐渐稀少，汉成帝时博士平当就曾说“春秋乡射，作于学官，希阔不讲”，但并未完全废止，韩延寿为东郡太守时，还“修治学官，春秋乡射”，后汉也有规定，“春三月秋九月习乡射礼，礼生皆使太学学生”，郑玄说：“今郡国行此礼以季春。”晋代庾亮在咸康五年举行过乡射礼。刘宋时期元嘉年中的羊玄保，此后的蔡兴宗，都曾行施过，力图恢复这一礼制，但都不成功，此后也就消亡了。

（作者单位：山东大学儒学高等研究院）

义宁陈家的馆师（上）

——义宁陈氏散论之四

李开军

人们在谈及义宁陈家的存在意义时，常引吴宓说过的那句话："故义宁陈氏一门，实握世运之枢轴，含时代之消息，而为中国文化与学术德教所托命者也。"（《读散原精舍诗笔记》）此论自然是针对"先生一家三世"而言：陈宝箴、陈三立及陈衡恪、陈寅恪等子弟辈。这第三代，因为陈衡恪、陈寅恪的巨大成就和影响，他们的成长、成才就特别引起人们的关注和兴味。从家族来看，重视教育是陈家传统，陈宝箴任河南河北道时创立致用精舍、任湖南巡抚时创建时务学堂、陈三立在南京支持思益小学之创办等都是明证。而论及对子弟的培养，除了陈宝箴、陈三立父子的言传身教外，就不得不提及义宁陈家的诸位馆师。

从目前掌握的资料来看，曾出任过陈家馆师的，我们可以提出以下数位：廖树蘅、何承道、吴宗实、赵启霖、范钟、姚纪、周大烈、罗正钧、黄笃恭、王景沂、陶逊、姚永概、萧俊贤等。今略述其行实及与陈家之往来，以见陈家馆师聘选的命意所在。

一、长沙（1872—1890）：廖树蘅、何承道、吴宗实

廖树蘅自订年谱中云："光绪三年丁丑三十八岁。是岁馆陈氏闲园，

在长沙局关祠右。学生三人，陈公次子三畏，兄子三恪，侄婿黄巘丞。时公以内艰辞去戎政，无笺奏之烦，专主课徒。”（《一士类稿》）光绪三年即1877年。廖树蘅在陈家任馆师两年，光绪四年（1878）腊月“解馆归”，次年三月即往应益阳知县唐步瀛之招，任教读并阅课卷。

廖树蘅（1840—1923），湖南宁乡人。幼年读书时“即厌薄科举”，后以诸生名乡里。“服膺宋张宣公告孝宗晓事者难得之言，及近代顾亭林所述孔子博学于文行已有耻二语，以此自勉，亦以勖人。”（《一士类稿》）光绪二年（1876），廖树蘅以乡试落解，陈宝箴适自镇筸解任归长沙，闻廖氏名，遂有笺牍及教读之请。据廖氏自记，闲园学生三人，即陈宝箴次子三畏，时二十二岁；“侄婿黄巘丞”即陈宝箴伯兄树年长女之婿黄韵桐，义宁州人。而“兄子三恪”，当是误记：陈树年长子三厚、次子三嶷，诸种文献均未见“三恪”之名；且陈氏家谱自咸丰二年（1852）即已叙出“三恪封虞后”，不当以叙字为名也，疑即“三厚”之音讹。

廖树蘅初至闲园教读之时，陈宝箴正为葬母之事奔波于长沙、义宁间，忙迫之中，仍对廖树蘅的教学活动极其关注。他在光绪三年（1877）夏天写给廖树蘅的一封信里说：“小儿仰被教泽，闻亦粗有进步，望风铭感，我怀如何！惟失学之人，如久旱之植，生意萧条，必日有以灌溉之，乃有发荣滋长之效。尚乞先生日将《四书》、经史等书与为讲解，即示以作人立志之方。此外，古文、时文随时讲解，使义理浸渍，志趣有卓然向上之机，则生意悠然，庶几渐有长进。高识以为何如？去年读大著古今体诗，极为佩服。然鄙意学问须识大头脑，当先立其大者，所望从事圣贤，务为有体有用之学，则所成益大，所诣靡涯矣。”（《陈宝箴集》）摩揣其语意语气，似对廖氏之教学有些不满。在陈宝箴眼中，“义理为体，经济为用，辞章、考据为文采。文采不必尽人责之也，体用则不可偏废焉……教必先本而后末，学必同条而共贯”（《陈宝箴集》）。首重经史之研习，“经以《四子书》为主，《易》、《书》、《诗》、《三礼》、《春秋》辅之。史以司马氏《资治通鉴》、毕氏《续通鉴》、夏氏《明通鉴》为主，《二十四史》辅之”（《陈宝箴集》）。估计廖树蘅之教学对诗文等“辞章”过于偏重而疏于经史讲解，陈宝箴遂有此信。不但如此，陈宝箴对于廖树蘅的诗学观点亦有不能认同之处。他在稍早些时候写给廖氏的信中，引曾国藩“作诗须克去徇外为人之见”之语，以为“古人诗教之本源亦不外此”，三百篇、陶、左、李、杜等人之作所以能够照耀千百年，其根本在于“性情胸次、学问根柢”，“精神有独至者”，“孔子论诗，谓可以兴观群怨、事父事君，此岂研摩声音、磨切体势所能至哉？”“尤望与同志友生交相敦勉，务厚植其所以为立言之本者，斯本末交修，所到愈不可以道里计矣。”（《陈宝箴集》）所谓“研摩声音、磨切体势”，针对的是廖树蘅以姚鼐“自声闻证入”为诗家秘钥而言（详见拙文《陈三立早期诗歌写作与晚清湘鄂诗坛》）。

廖树蘅在陈家的两年中，最为相得的，实际上是陈三立。当时陈三立居闲园，廖树蘅在教读之余，与陈三立谈诗论学，登山临水，访朋会友，举酒命爵，乐非寻常。光绪三年（1877）七月，廖树蘅因事暂还宁乡，陈三立赠别诗中“尽好园林从论学，最难怀抱与敲诗”一句，极能表现二人此时生活的“亲昵”。虽然陈三立小廖树蘅十三岁，陈宝箴只长廖氏八岁，他却比父亲表现出更多的对廖树蘅的认同。比如前面提及的“声闻证人”，陈宝箴持批评态度，陈三立却认为：“海内文章惜抱翁，诗篇坛站亦称雄。多君识取名通论，后起居然澹泊风。”（《荪畡新秋归家赋此赠之》）赞成廖氏的诗学观点。

廖树蘅在光绪四年（1878）腊月辞馆之后，仍与陈氏父子保持着密切的联系，这一点只要略翻一下发表在《一士类稿》中的廖氏自订年谱，即可获知。一直到光绪二十二年（1896）之前，有两篇文献值得注意。一是光绪十二年（1886）陈三立为廖树蘅新筑珠泉草庐所撰《珠泉草庐记》。此记从游士失职而肇天下之乱着笔，点出儒生守道对于“冶游士”之重要，并以严光、仲长统“以其廉静寡欲之身风示海内，阴移一世之人心而靖其气”为比，赞扬廖树蘅能不为湖湘游士“觊觎奔走之风”所染，“谪愿外之非，务反本之业”，耕读于珠泉草庐，“黜浮毗，奖纯素”，“挽俗尚之流失，遏乱萌于无形”，是谓“明机权而审于世变”（《散原精舍诗文集补编》）。一为光绪二十一年（1895）陈三立应廖树蘅之请所撰《廖笙陔诗序》。此虽为诗序，其实大半在论人。在陈三立看来，廖氏生为湘士，却能不为湘士争赴功名之会之风所靡，忠亮据于心，淡泊为根柢，“观世益深而自处益审”，并预言：若廖氏“少得程其才而竟其术，其系于滔滔之斯世何如也？”（《散原精舍诗文集》）

总之，在陈三立眼中，廖树蘅是一位不为世移的得道持守之士，而且不仅具有晓事之才，同时亦富成事之术。这与王闿运在廖氏七十寿言中所云“先生性冷而心热，蓄道德能文章而不见用。偶见之于纤小之事，已冠当时，名海内。使其柄大政，课功效，必能扩充之无疑也”（《一士类稿》）同一意思。

自光绪二年（1876）开始的这段与陈氏父子的交往，使廖树蘅成为光绪二十一年（1895）陈宝箴出任湖南巡抚准备大兴矿务时的首选人才。廖树蘅于次年总理水口山矿务，开始成就他一生最大的事功，应验了陈三立在廖氏诗序中所下预言。“戊戌政变”发生之后，陈宝箴主持的诸多湖南新政中，只有矿局因颇见实利而未遭撤废，其中廖氏水口山一矿经营之成功居功至伟。后廖树蘅调署清泉训导，兼办水口矿务。前后在事八年，赢利六百万两。光绪二十九年（1903），赵尔巽抚湘，又调廖树蘅至长沙总理湘矿，“湘矿益大振”。辛亥后，廖树蘅“退老于家”，民国十二年（1923）卒，八十四岁。

廖树蘅传世著作颇多，今可见者如《珠泉草庐诗钞》四卷、《诗后集》二卷、《文录》二卷、《书牍》若干卷、《日记》若干卷、《武军志略》二卷、《茭源银场录》二卷、《联语摭余》一卷、《廖氏五云庐志续编》二卷、《常宁忠字一团义田记》一卷、《梅锦源墓志铭》一卷等，徐一士《一士类稿》中也收录了廖氏《自订年谱》的部分内容。更为人们瞩目的是《珠泉草庐师友录》，保存友朋史料颇多；又有《珠泉草庐师友诗录》一册，藏于山东大学图书馆。

廖氏有六子二女，均颇成材，多有诗文集传世。长子基植先是协助廖树蘅、后又独立管理水口矿务，前后十六年，著有《紫藤花馆诗草》、《绿净轩词钞》、《茭源银场日录》等；次子基棫，亦曾参与水口矿务，有《瞻麓堂诗钞》、《文钞》、《沩山诗选》等；五子基杰，著名画家；长女基瑜，有《绎雅堂诗录》行世。

民国二十三年（1934）五月，陈三立为张通典之女张默君诗集《白华草堂诗》作序，其中有云：“璞元馆余家，授衡儿读，历数年，所雅故不减伯纯。”（《散原精舍诗文集补编》）“璞元”即何承道，默君舅氏；“伯纯”乃是张通典，娶何承道妹承徽。

何承道（1854—1913），字璞元，号通隐，湖南衡阳人。大约在光绪四年（1878）前后，入湘水校经堂学习，为高才生，有三篇文章和一首诗入选《校经堂二集》。估计在这时候，陈三立与其相识。待到光绪五年（1879）八月七日，郭嵩焘已经在日记里说：“衡阳何璞元，与陈伯严友善，高才能文。”（《郭嵩焘日记》）是年陈三立乡试未售，第二年初春他打算入校经堂读书，在写给廖树蘅的信中，他列出“甚可收切磋之益”的校经堂肄业相识之九人名单，何承道即为其一。这年七月陈三立将随侍陈宝箴赴武陟河北道任所，长沙友人“置酒长沙城北之豫园”，何承道是与会十四人中一员。在这一时期，陈三立常与包括何承道、陈锐等人在内的长沙青年才俊诗歌唱和，并受到他们诗风的影响，廖树蘅就观察到：“己卯、庚辰之岁，与何璞元、陈伯弢诸人唱和，微涉轻冶。”（《珠泉草庐师友录》）“己卯、庚辰”即光绪五、六年。廖树蘅对陈三立所受何、陈影响微有不满，不过这正足以表明，陈三立与何承道等人之“友善”。有了这几年交往和了解，光绪十年（1884）陈家馆师屡聘难就时，陈三立想到了何承道。何氏在这一年初春写给陈锐的信里说：“昨伯严延馆师，屡聘不就，强兄承乏。冠盖之所，本不乐居，劝者甚殷，祇得姑就。或者蜕园花鸟，尚不嫌客，则计工而食，亦不为逾寒士之分也。”（《褒碧斋箧中书》）看来此时何承道尚有疑虑，担心这“冠盖之所”非易居之地。不过没多久，何承道就告诉陈锐：“此间花鸟尚解留客。”（《褒碧斋箧中书》）疑虑冰释。

何承道在陈家主要是“授衡儿读”——光绪十年（1884）陈衡恪九岁。陈三立“历数年”的说法一点不错，光绪十五年（1889）秋天，何承道在给陈锐的信里说：“今岁仍馆蜕园。”（《褒碧斋箧中书》）十六年（1890）五月何氏寓居蜕园的史料我们也能看到。前后算来，已经六年；当然，其中或有中断也未可知——有的年份，陈三立的生活中看不到何承道的丝毫踪迹。但断断续续的五六年里，何承道与陈家关联密切则是无疑的。

何承道后赴四川为官，曾任定远、开县、云阳等知县，亦以兴教为急务，于治下士林风气，颇有转移。民国初年，他以六十之年病逝，有《通隐堂诗初集》、《慧定庵近诗》等传世。他的诗“规模六朝初唐，纷披古藻，雅丽铿锵”（陈三立《张默君白华草堂诗序》），不出晚清湖湘诗坛的路数。陈三立因为常与唱和，难免沾染，此举一首《和何承道月夜露坐》：“纤月在回塘，娟娟照一凉。芙蕖怜共小，婀娜不能觞。露下晴无影，云吹梦有香。遥分银汉色，持艳上君堂。”（《散原精舍诗文集补编》）六朝藻艳，展露无遗，即廖树蘅所谓的“轻冶”。当然，后来陈三立放弃了这种风格。

光绪十一年（1885），即何承道初入陈家的次年，他大概是被郭嵩焘聘入了思贤讲舍，陈家馆师聘的是吴宗实。何承道在这年正月写信告诉陈锐：“渠处西席，今年吴少阶，乃蒉阶之令嗣。伯严于足下，情款极挚，而卒不以爱子相托，缘之一字，信亦有之。”（《褒碧斋箧中书》）吴蒉阶即吴光尧，湖南湘阴人，“长于目录校雠之学”，“尤专许书”，又“谙晓时务”，与陈三立为好友。光绪十一年（1885），应江苏学政王先谦之招，前往校理群书，“遘微疾”，卒于次年八月。陈三立对吴光尧评价极高：“三立之始善君也，缘于永州守张公。自后行天下，得交方闻材杰之士众矣，而笃志善下，表里纯一，盖尠有过君者也。”（《清故湘阴县廪贡生吴君行状》）吴宗实，字少阶，光尧长子。关于宗实，所知甚少。唯见过释敬安光绪二十一年（1895）写给他的一封信，称“故人”（《八指头陀诗文集》）；同年四月，宗实与湖南举人谭绍堂等二十人具呈都察院请代奏，认为“和议必不可许，战守确有可恃”（《清光绪朝中日交涉史料选辑》）。陈家聘吴宗实出任“西席”时，吴为“县学生”，除他应该颇富才学，陈三立请他，似乎还有“救贫”的考虑——吴光尧即因“家贫，屡出就幕馆”。

二、武昌（1891—1895）：赵启霖、范钟、姚纪

光绪十七年（1891），陈家迁居武昌，第一位馆师是赵启霖，他在《瀞园自述》中回忆说：“辛卯三十三岁，假馆鄂藩署。时陈右铭丈权鄂藩，予与陈伯严正月由湘江泛舟至鄂，舟中谈艺甚乐。抵鄂，为伯严课长子衡恪……时通州范仲林同年亦客署中，相与晨夕论文。”（《赵瀞园集》）

赵启霖（1859—1935），字芷孙，号瀞园，湖南湘潭人。他是光绪八年（1882）湖南优贡，次年六月京师朝考时，得识范钟。光绪十一年（1885）以第三名中举，先后在武陵、澧州任训导。光绪十六年（1890）进京会试时，家贫难备川资，由宗祠、支祠合垫百缗始成行。陈三立应该是耳闻赵启霖之才名——赵之同乡罗正钧与陈三立为多年好友，遂在这年岁尾聘定。他们同舟赴鄂“谈艺甚乐”之事，赵启霖在七古长篇《辛卯二月偕陈伯严考功泊黄鹄矶夜谈有作》中有

所记述，此诗收入《滂园集》，诗长不录。赵启霖在陈家授读大约有一年之久，因准备来年会试，大概于当年十二月即还家了。次年会试他中了进士，并被点为翰林。这是他的第三次春闱之旅。

光绪十九年（1893）十一月，赵启霖自家赴京，道过武昌，陈三立赋诗送别，第二首云："冠佩迷京阙，聊能梦见之。寒花怜意在，斜日放波迟。赋颂儒臣贵，安危道路疑。苍茫成独念，吾过更谁规。"（《别赵翰林入都》）诗中充满了对赵启霖的不舍。此后多年，赵氏宦海浮沉，直到光绪三十二年（1906），考中御史，遂在次年以揭参段芝贵以妓荐贿载振一事而名动朝野。最后官至四川提学使，见事不可为，于宣统二年（1910）二月自劾免官。民国后杜门不出。《滂园集》于民国二十一年（1932）刻成。赵启霖为人"气善色蔼"，然"于义所否，则坚果执持"（陈继训《清四川提学使赵公墓表》），殆风节之士也。

陈衡恪《蜂腰馆诗集跋语》云："先大父官湖北按察时，延馆署中，衡恪从受业，朝夕侍左右。"（《陈衡恪诗文集》）陈府所延即范钟，时在光绪十七年（1891），陈三立长子陈衡恪年十六；陈宝箴新擢湖北按察使，陈家居武昌。之前范钟本在武昌知府李有棻家中出任西席，因与湖广总督张之洞不相能，李有棻欲解职北上入觐，范钟有失馆之虞。五月，张之洞欲聘范钟教读其孙，范颇犹豫，适值陈宝箴亦来请聘，范钟本有"此公（指陈宝箴）较南皮为尤可靠"的印象，遂于六月十日往就陈馆。陈府之聘，李有棻是重要的促成者。他既是范钟的东家，又与陈三立有姻亲关系，其夫人俞镜秋前于光绪八年（1882）将自己的妹妹俞明诗介绍给陈三立为继妻。

范钟（1856—1909）字仲林，通州人氏，与兄范当世、弟范铠称"通州三范"，馆于陈府时，"三范"之名已颇著于士林，而范钟十分谦抑，自号蜂腰馆。他二十岁之后受业于张裕钊，渐有诗文行世，待光绪六年（1880）黄体芳任江苏学政时，即有"通州三雄"之目矣。两年之后，范钟举江苏优贡，而陈三立亦于是年南昌中举，座师系陈宝琛。光绪十年（1884），范钟至南昌入江西学政陈宝琛幕府，次年便转武昌，开始与李有棻交游，并教读其子。据范钟《陈伯严四十寿诗》中所言"钟识公子，粤昔酉年"，可知范、陈二人相识即在光绪十一年乙酉（1885），其年冬陈三立北上，备考明年会试，当是在途经武昌时，二人相见。

范钟在武昌，“辞章”颇负盛名，李有棻等大吏屡以序文相托、张之洞两湖书院文学讲席、幕府文案之拟聘等，皆为明证。光绪十七年（1891）四月，范钟曾抄录前所为诗文数十首，虽自云“以著乎有生之迹，而非以云著述之良也”（《范钟诗稿》编后《自序》），而其卒后赖以传世的，仍是其诗文。

范钟之诗，“早岁习为绮靡”，后弃置，转“致力于太白”；文则颇得范当世、吴汝纶、张裕钊之指点。入武昌后，得与陈三立等武昌才俊交游，“倡和讲论”，“参互订证”，诗作甚多，亦有进境，“闳肆瑰伟，不可端倪”矣（陈衡恪《蜂腰馆诗集跋》）。

范钟的陈府教读生涯不足一年，至光绪十八年（1892）年底（其间有半年多时间不在陈府），即荐姚纪代之，而范于次年就两湖讲席。而在这不足一年的武昌时光里，诚如陈衡恪所说，范钟与陈三立“相契最殷”，《蜂腰馆诗集》及陈三立早年《诗录》中，两人及与朋辈诗酒流连的记录很多。从陈三立“看君豪议挟江河，每趁虫声挈杯过”（《夜饮答范仲林》）、“吾爱范生句，能令万壑清”（《诵仲林山亭见落木诗题此和之》）等诗句，可以体会得出陈三立对范钟的欣赏。光绪十八年（1892）九月二十一日，陈三立四十生日，范钟在《陈伯严四十寿诗》里，也为我们描绘了二人交游之乐：“七月钟来，公子大乐。暝烛而陟，昼饱而嬉。铢概管墨，结襘轩羲。八极睇色，万籁闻噫。下士大笑，天谋人谋。谬虙臆对，声之诗之。”（《蜂腰馆诗集》）

此后范钟虽然进入两湖书院，但大概仍住陈府，所以诗歌唱酬频见。光绪十九年（1893）四月，两人还和易顺鼎、罗运崃一起，游览庐山，并于同年将庐山所得诗刻成《庐山诗录》，传观师友之间。而更为重要的，则是经由范钟，义宁陈氏与南通范家结为姻亲——陈衡恪娶了范钟侄女范孝嫦，由此陈三立与范孝嫦之父范当世于光绪二十年（1894）冬在武昌相晤，所谓“十年万里相望处，真到尊前作弟兄”（陈三立《别范大当世携眷还通州》）也。与范当世相晤，是陈三立诗歌写作生涯甚至可以说是晚清诗歌发展史上的大事，因为正处于诗歌写作探索期的陈三立，在范当世的诗学观念、诗歌写作经验中，获得了重要启悟和支持，使他更加坚定地走向以黄庭坚、苏轼等人为代表的“宋调”，从而形成后来陈三立的典型诗风（详见拙文《陈三立早期诗歌写作与晚清湘鄂诗坛》）。

光绪二十一年（1895）陈家迁长沙后，范钟并未随往，仍客武昌。光绪二十四年（1898）范钟考中进士，以即用知县发河南。此后即在河南、广东、山西等地，多年追随张人骏，任抚署文案、大学堂总教习、学务处坐办等职。光绪三十三年（1907）任河南鹿邑县令，两年后病卒。有《蜂腰馆诗集》传世。

光绪十八年（1892）范钟辞陈府馆职时所荐姚纪，亦大有来历。此人字伯纲，桐城人，姚鼐之六世孙，家学渊源颇深。是年十二月十七日，姚永概在日记中写道："得范钟林信，言伯纲近为陈右民廉访课小孙，得贤主人相依，为之欣慰。"（《慎宜轩日记》）姚永概乃姚鼐叔父姚范之五世孙，论起来是姚纪祖父辈的人物。即云"课小孙"，时陈衡恪十七，与姚纪相若，而隆恪五岁，似以隆恪更为合适。自此姚纪与陈衡恪深相契结，民国十二年（1923）陈衡恪病卒后，姚纪有祭文一篇，道尽二人往还，因姚纪《素庵文稿》不易见，故录于此：

> 忆壬辰岁，二人订交，年俱弱冠，谊若同袍。君之大父，宦游鄂渚，陈臬开藩，三易寒暑。旋即分散，君游潇湘，我亦碌碌，奔走荆襄，山河远隔，一日三岁，函札往还，言无巨细。君复东渡，精求学业，音问顿疏，难亲颜色。学成返国，聚晤白门，各道契阔，唱和诗存。我之齐鲁，君客京师，暌违八载，我亦来兹，朝夕过从，纵谈往迹。君于书画，专之益力，突过时贤，洛阳纸贵。每厌宦途，辄欲引退，近以亲老，定计南归。适闻母疾，疾趋庭闱，甫入家门，慈亲遽逝，哀毁逾恒，心血俱惫，寒疾忽作，医药渐愈，日久不支，竟尔千古。噩耗惊传，凄风惨雨，同人悼痛，涕泪相语，追荐亡魂，故交老友，大集会场，我步其后，特用韵言，以附卮酒，隔世呼君，君犹知否？

从武昌到南京，再到北平，三十年间，二人踪迹、感情，俱可见之。（待续）

◇感谢山东大学自主创新基金对本研究和写作的支持

（作者单位：山东大学文学与新闻传播学院）

中国语言学之父赵元任

——史语所才俊谱（五）

陈 峰

1928 年在广州成立的中央研究院历史语言研究所脱胎于 1927 年创建的中山大学语言历史研究所。在傅斯年的最初规划中，历史学和语言学是史语所的两大支柱，后来为史语所赢得国际声誉的考古学尚附属于历史学。这种将历史学与语言学并列的做法在学术史上是一个异数，可能是独一无二的。由此可见傅氏对语言学的强调和重视。史语所语言学方面的领军人物是有“中国语言学之父”之称的赵元任。赵元任主持的史语所语言组，依循傅斯年指示的扩充材料、扩充工具的新路径，成功实现了“东方学之正统在中国”的梦想。

赵元任 1892 年生于天津的一个书宦之家，自幼受传统文化的熏陶，六岁读《四书》和《诗经》，十岁习《书经》，十一岁学《左传》，十三岁修《古文辞类纂》，十四岁在常州溪山小学师从历史学家吕思勉学习国文和历史。而赵元任超常的语言天赋与其早年所处的丰富多样的语言环境密不可分。他祖籍江苏，家中长辈都说常州话。但他生长于北方，说的是南方味很重的北京话。他家在保定居住的时间较长，照看他的佣人周妈是保定人，他差不多学会了保定话。后来赵元任辗转于磁州、祁州、冀州、常州、苏州、南京等地，又学会了常熟话、常州话、苏州话、南京话、福州话等多种方言。赵元任十五岁在南京江南高等师范学堂时还阅读了中国第一部语法书《马氏文通》。

1910年，赵元任以第二名的成绩通过庚子赔款留学考试，开始了长达十年的赴美留学生涯。他先入康奈尔大学主修数学，还选修了物理、生物、心理、哲学、音乐等多门课程，几乎对西方科学、艺术无所不窥。1914年，赵元任以优异成绩在康奈尔大学数学系毕业，获得学士学位。随即转入研究院改学哲学。1915年6月，他获得哈佛大学的乔治与马莎·德贝哲学奖学金，进入哈佛大学研究院，1918年取得博士学位。1915年10月25日，赵元任与康奈尔大学的中国留学生任鸿隽、胡明复、杨杏佛、胡适等创立"中国科学社"。这是我国第一个科学团体，以提倡科学、鼓吹实业、审定名词、传播知识为宗旨。任鸿隽为会长，赵元任为书记。中国科学社出版月刊《科学》杂志，分中英文两种，赵元任兼任编辑。他当时在《科学》杂志上发表的文章涉猎面甚广：1915年的《心理学与物质科学之区别》、《永流电》、《永动机》、《海王星之发现》；1916年的《地船》、《飞行机黑夜落地法》、《大陵变星》；1917年的《睡眠之时间》、《圆周率与原子量》、《瞳孔翕张之试验》、《催眠术解惑》、《生物界物质与能力代谢之比较》等文。诚如海斯（Mary R.Haas）在《赵元任口述自传》序中所言："我还不知道有第二个人（能像赵元任这样）游刃有余地纵横在自然科学与人文科学之间。"其留美同学胡适也说："每与人评论留美人物，辄推常州赵君元任为第一。此君……治哲学、物理、算学皆精。以其余力旁及语学、音乐，皆有所成就。其人好学深思，心细密而行笃实，和蔼可亲。以学以行，两无其俦，他日所成，未可限量也。"（胡适日记1916年1月26日）

值得一提的是，此时赵元任已经开始与西方现代语言学结缘。1912年他向康奈尔大学戴维森教授学习语音学，掌握了国际音标和系统的现代语音学理论。赵元任这时才认识到，不同语言、不同方言的各种各样的发音都是一种物理的和生理的现象，可以用生理器官的状态来分析，可以用国际音标来记录描写。1916年他又跟随哈佛大学格兰德教授学习语言学。1917年结识语言学家理查德。1916年他在《中国留学生月刊》上发表了《中国语言学的科学研究》、《中国音韵学》和《改革方案》三篇文章，提出对中国语言一定要做科学、历史的研究，进行建设性的改革，解决实际问题，以期引起人们对研究中国语言的注意。胡适在其《留学日记》中多次记录赵元任在语言上的特长，并感叹说："元任辨音最精细，吾万不能及也。" 1916年1月，赵元任在日记中写道："我想我大概是生来的语言学家、数学家和音乐家。" 2月他又在日记中记载："我索性做个语言学家，比其他任何都好。"（赵新那、黄培云：《赵元任年谱》）从此，赵元任的人生与语言学紧密地贴合在一起了。

1919年6月，赵元任回到母校康奈尔大学任物理讲师。由于思国心切，1920年赵元任请假一年，回国任清华学校心理学及物理教授。1920年10月至1921年7月，赵元任为来华演讲的罗素担当学术翻译。赵元任还译出了路易斯·卡洛尔的小说《阿丽思漫游奇境记》，译文纯用白话，尤其在风格上与原书神似。他在自序中说："现在当中国的言语这样经过试验的时代，不妨乘这个机会来做一个几方面的试验：一，这书要是不用语体文，很难翻译到'得神'，所以这个译本亦可以做一个评判语体文成败的材料……"此书的翻译实际上是与当时的白话文运动的呼应。

不久，受美国哈佛大学伍德斯教授的邀请，赵元任于1921年秋第二次赴美，在哈佛大学先在哲学系任讲师，1923年哈佛大学成立中文系，赵元任任教授，讲授中文。这一时期赵元任将工作重点集中于语言学方面。1922年他在哈佛大学开设中国语言课，并开始用语言学尤其是语音学知识观察中国的语言问题。1924年6月至1925年5月，赵元任赴欧洲考察进修一年。在英国，他跟随语言学家丹尼尔·琼斯、斯蒂芬·琼斯、劳埃德·詹姆斯学习语音学和实验语音学；在瑞典访问了汉学家高本汉；在德国汉堡考察了语音学家海因尼兹的语音实验室；在法国巴黎大学注册听课，有语言学家梅耶和房德里耶斯的课程以及汉学家马伯乐、伯希和的课程（赵新那、黄培云：《赵元任年谱》）。

1925年6月赵元任应聘到清华国学院任导师，开设的普通演讲为"方言学"、"普通语言学"、"音韵学"，指导范围为"中国音韵学"、"中国乐谱乐调"、"中国现代方言"。与梁启超、王国维、陈寅恪一起并称为"清华四大导师"。其中以赵元任年纪最轻。他在清华期间培养了一批语言学者，著名者如王力、裴学海等，成为日后中国语言学界的翘楚。1925年起，赵元任正式以中国语言学及语音学为学术上的主攻方向。1927年，赵元任与助教杨时逢一起到江苏、浙江一带调查吴方言。1928年，他的《现代吴语的研究》一书作为清华学校研究院丛书第四种出版。这是中国学者用现代语言学方法调查方言的开山之作。

在担任学校教员之外，赵元任还是当时国语统一运动的积极参与者。早在1920年他即已参加教育部“国语统一筹备会”。1925年，正式被国语会聘为会员。同年，刘复发起组织“数人会”，赵元任与钱玄同、黎锦熙、林语堂、汪怡、周辨明等七人为成员。刘复等试图充当国语运动的核心，通过他们几人的讨论，解决国语的正音标准及其他问题。赵元任为会中骨干，多次担任会议主席，开会的一切提案、讨论记录、修改意见书、议决案等，也以赵元任出力最多。1928年9月国民政府教育部（时称大学院）公布了国语罗马字拼音法式，就是以赵元任拟定的“国语罗马字”方案为基础的。这套方案与后来的汉语拼音方案相比，声母和韵母都大体相同。1928年，教育部国语统一筹备委员会聘任赵元任等31人为部聘委员，赵元任为常务委员。1929年9月1日，国语统一筹备委员会召开第一次常委会，赵元任任主席。其后他多次担任会议主席。在此期间，议决通过了赵元任拟定的《注音符号总表》，并以赵元任所编《国音常用字表》代替《国音常用字汇》。会议还就编制“基本国语”、修订《国音电报汇编》、《国语文中采用西文原字的拼法》等事请赵元任负责。在语文教学方面，赵元任被聘为注音符号推行委员会委员，曾到河北定县等地开展语文教学实验。1932年教育部公布出版由钱玄同主编、赵元任等校订的《国音常用字汇》，北京音从此成为国家规定的标准音。1935年，赵元任被聘为国语推行委员会委员，商务印书馆发行赵元任发音的“新国语留声片”和他编写的《新国语留声片课本》，成为当时推行国语的语音标准。国语运动对于推动现代汉民族共同语的形成发挥了重要作用，赵元任作为中坚力量对此做出了杰出贡献。

回国之后的赵元任还成为当时著名的音乐家。他为好友胡适、刘半农、陶行知等人的词谱写了大量的曲，均传唱一时。其中最有名的是1924年刘半农作词的《教我如何不想他》，词曲相得益彰，珠联璧合。这首歌当时在青年人中颇为流行。一天，一位青年到赵元任家做客，刚好刘半农也来访，赵元任顺手将刘半农引介给青年：“这就是‘教我如何不想他’的‘他’。”青年惊讶道：“原来是一个老头！”举座哄然大笑。原来在青年们的心中，“他”不是美丽动人的妙龄少女，就是英俊潇洒的翩翩少年，谁曾料到却是一位半大老头儿！刘半农后来做打油诗一首："教我如何不想他？请进门来喝杯茶。原来如此一老叟，教我如何再想他？"闻者皆捧腹不止。

1928 年中央研究院历史语言研究所成立后，赵元任受聘担任第二组语言组专任研究员兼主任，从此离开清华园，专门致力于语言学工作。赵元任任职史语所期间重点推进了两项工作：一是方言调查，二是语音实验室建设。

赵元任到任史语所后，集中精力开展全国范围的方言调查工作。他带领史语所人员进行了六次较大规模的方言调查。第一次是在他 1928 年夏在广东调查方言的基础上，1929 年冬在两广的方言调查，第二次是 1933 年陕南方言调查，第三次是 1934 年徽州方言调查，第四次是 1935 年春江西方言调查，第五次是 1935 年秋湖南方言调查，第六次是 1936 年春湖北方言调查。湖北方言调查涉及湖北全境，是 1949 年以前最大规模的一次方言调查。1938 年，赵元任与助手丁声树、杨时逢、吴宗济、董同龢等利用调查所得的湖北方言的材料，撰成《湖北方言调查报告》，1948 年由商务印书馆将其作为中研院史语所专刊出版。报告共 1575 页，首先以 66 幅方言地图的形式展示湖北方言的大致情况，而后用 64 幅方言现象分布图来说明方言声韵调、特字、词类等的异同，最后的综合图用语言同言线反映湖北方言现象的分布情况。这种地理图示法为后来的方言专著附图提供了范本。报告材料系统详尽，并且全部配有音档。全书综合运用描写法、比较研究法、地理图示法等多种方法，是方法上的新尝试。《湖北方言调查报告》是当时方言调查方面学术价值最高的一部巨制。1935 年春，赵元任曾计划在几年内对全国的方言做一次粗略调查，并且灌制代表方言的音档，画出方言地图。可惜限于当时形势这一设想最终未能实现。

语音实验室的创立是一项令人瞩目的事业。1934 年，赵元任开始在南京北极阁主持建造了一个大规模的语音实验室，把调查的语言材料用仪器灌成音档保存，以便利用。据赵元任的助手杨时逢回忆，"语音实验室的建造，共分为四大间，关于设计、绘图等一切，也都是赵先生亲自策划的。曾经在美国订购隔音纸板及其他隔音设备，如双层玻璃窗、四层隔音板门等。室内的四面墙壁及天花板地板，全部都用八层隔音纸板铺成，下面加上地毯。隔音的完备，真是无以复加了。又向国外订购语音实验的各种仪器，如最新式的录音机数架（那时录音用的仪器非常笨重，如一个很大的扩音器，一个大的十二寸的电动转盘，另外发音的电容微音器，还用上两个大水电池），都是灌制铝片音档的仪器。此外还有，音浪计（记声调用的）、音叉，留声机及其他实验仪器数十种，在当时差不多是应有尽有了”（杨时逢：《追思姑父——赵元任先生》）。语音实验室成绩斐然，“调查的语言都灌制铝片音档，将近千张。此外并购置各国语言会话留声片二十余套（每套大约二十四大张），还有中国各地戏剧、相声唱片，都是为研究方言之用，也有六、七百片。……凡参观史语所的人，除了看古物及藏书外，语音实验室也是他们所赞赏的，在当时可以称谓东南亚首屈一指的了”（杨时逢：《追思姑父——赵元任先生》）。语音实验室的建立是赵元任对中国语音学的一大贡献。大量音档的灌制为语音研究提供了一手材料，语言组利用实验室完成了大量研究语言材料的工作。

此外，赵元任在史语所期间还做了一件大事，那就是与罗常培、李方桂共同翻译了瑞典著名汉学家高本汉的巨著《中国音韵学研究》。高本汉对汉语音韵学造诣精深，上推先秦古音，下至现代汉语方言，无所不及，影响极大。其《中国音韵学研究》一书被认为是“综合西方学人方音研究之方法与我国历来相传反切等韵之学，实具承前启后之大力量，而开汉学进展上之一大关键也”（傅斯年序）。1921 年丁文江多次敦促赵元任研究中国音韵学并将此书转赠给他。赵元任到史语所后即与罗常培着手翻译，直到 1936 年才竟其功。赵元任等不仅翻译重编原书，而且还修正高本汉之书的缺失。一是高本汉所用上海、温州、福州、汕头、广州等地的方言都是依据传教士编的字典，乃二手资料；二是高本汉大杂烩式地将二三十个方言在同一层次使用，违反了比较构拟的一般程序，先构拟出共同吴语、共同粤语、共同闽语等，再构拟它们的共同祖先。高本汉本人对这种批评也心悦诚服。中国学者一般都总体上接受了高本汉的音韵学原则，而中国语言学界全面了解高氏的音韵学是从赵元任发端的。

1937 年，赵元任与同事们正准备到福建调查方言，卢沟桥事变爆发，全面抗战开始，赵元任随史语所辗转迁至昆明。1938 年 4 月，赵元任接到美国夏威夷大学的聘函。于是，他向中央研究院请假一年，到夏威夷大学任访问教授。1938 年 8 月，赵元任离开战乱中的故国，到达夏威夷大学。第二年史语所批准其续假一年转任美国语言学的中心耶鲁大学，1941 年到哈佛大学，1947 年到柏克莱加州大学，1963 年退休。最让赵元任引以为豪的是 1945 年被选为美国语言学会会长，1960 年他还担任过美国东方学会会长。

赵元任虽身处异邦，但与中央研究院史语所的联系并未断绝。1946 年美国科学院开会，他代表中央研究院发言。1948 年他当选为中央研究院第一届院士。从 1955 年起，他经常参加每隔一年中央研究院在美召开的院士谈话会，并仍然在史语所出版的刊物上发表文章。确如其女赵如兰所说，史语所是赵元任一生承担的职位。

赵元任是中国语言学由传统模式向现代形态过渡的关键性人物。语言研究中国古已有之，一般称之为小学，但其附属于经学，囿于语文学范畴，而非真正意义上的语言学。语文学和语言学存在本质差异：语文学是对文字或书面语的研究，重在考证文献资料和语义训诂，短于描写利用活的语言；语言学则是以语言本身为研究对象，求得系统的语言理论。传统的语音研究尤为薄弱，古代的音韵学只根据各时期的韵书等历史文献来归纳音类，而无法确定各个音类的具体音值。语文学与语言学的这种区别在西方即为 Philology 与 Linguistics 的分野：一是 tongue——“言语”，一是 word——“文字”；一是现代的语言的研究，一是古代的语言的研究。史语所的英文译名虽为 Philology，但由于赵元任等人的努力已使其突破历史语言学的旧规，而跃入现代语言研究之境。赵元任开辟了实验语音学和汉语方言调查的道路，提供了西方先进的语言学理论（描写语言学），科学的语音分析手段（国际音标），语音分析的实验方法（声学、生理学）和技术（渐变音高管、波纹仪、留声机等）。在此基础上，赵元任还创制出一套先进的理论（五度标值法），对一些重要概念予以新的诠释（音位理论），提供了方言调查工作的科学模板（方言调查字表）和理论（方言地图、同言线、方言分区理论）。赵元任不但是中国语言学界的开山鼻祖，在世界语言学界也占有一席之地。他是结构主义的先驱之一。结构主义语言学是上世纪三四十年代赵元任与美国学者共同创立的，而不是在美国成型后输入中国的。赵元任在语言学领域之所以能取得超越前人的成就，善用自然科学的知识和技术乃一大主因：用自然科学中的基本概念说明语言问题；用自然科学的先进成果记录和分析语音；把自然科学中的研究方法引入语言学等。总之，赵元任推动了中国语言学的科学化、现代化，最大限度地实现了史语所追求的目标。

赵元任曾幽默地告诉女儿说，他研究语言学是为了好玩。他小时候练习说切口和反切口，是为了好玩；他擅长的“说倒话”，有时在公众面前表演倒说英语，也是为了好玩……赵元任口中的“好玩”与他的“学术的兴趣”、“艺术的兴趣”其实是相通的：“我对于学术的兴趣仿佛是一个女人对男人的爱，总是极深极浓，虽然不容易有很强烈的狂情，可是总是喜欢永久忠心不变的；就是一时迷到别的里头去了，到后来还是回到他身上……我对于艺术的兴趣仿佛是男人对女人的爱，热就热到火苗儿的程度。可是热度减了的时候儿，好像就是离开了伊也能过似的，回头又想念伊起来，可是又觉得没有伊，我的生活全没有光彩似的了。”（赵新那、黄培云：《赵元任年谱》）赵元任这种对学术的钟爱、视学问为人生至乐的境界是常人难以企及的。今人治学，多带有强烈的功利心和目的性，学问与其他职业无异，首先是一个饭碗，一种进身之阶，一种出人头地的手段，需要为之拼命劳作，为之心神憔悴，学问原有的雍容风雅的贵族气质已荡然无存。遥想当年，赵元任等大师们卸下名利的重负，以游戏和娱乐的态度投身学问，张弛有度，收放自如，而攀上学术的巅峰。反观当下，苦力做工式的学者们，收获的多是个人世俗意义上的成功，而学问之道未可得而闻，其相去何止以道里计！

（作者单位：山东大学儒学高等研究院）

东汉郭太以“郭林宗”之名行世是由于“生活于平民之中”吗？

——谈谈避讳改称问题

程远芬

《文史哲》2011年第一期发表吴朝阳、晋文的文章《读〈张迁碑〉辨疑——与程章灿先生商榷》，讨论《张迁碑》刻石时代及真伪问题。其中涉及东汉人物取名用“单名”和“双名”的问题，认为“‘后汉多单名’的现象是由于文献中的人物多为有身份地位者”，“东汉的下层平民确实常常以‘双名’行世”。文章进一步指出：“东汉数千‘名人’中唯独郭太以‘郭林宗’之名行世，则显然是由于他主要生活于平民之中的缘故。”

文章所指的“郭太以‘郭林宗’之名行世”，是指范晔《后汉书·郭太传》。《郭太传》在标题上称“郭太”，在传文中也只是开头说“郭太，字林宗”，以下则只称“林宗”。这种现象的存在，原因是复杂的。比方说，后汉生活于平民之中的 “名人”有的是，为什么只有“郭太”等个别人用“郭林宗”双名行世？究竟是特例还是通例？如果是通例，就要拿出证据。事实上这种证据拿不出来，属于臆测之辞。至于特例，前人倒是多有揭示，我们试举几例。

一、《后汉书·郭太传》：“郭太，字林宗。”唐李贤注：“范晔父名泰，故改为此‘太’。”

二、宋王楙《野客丛书》卷十五：“汉碑有书‘太夫人’为‘泰夫人’者，或以为异。仆谓汉人多书‘太’为‘泰’，如前《汉书》‘泰平’、‘泰一’、

‘泰甚’之类是也。范晔避家讳，故《后汉书》皆书‘泰’为‘太’，如‘郭太’、‘郑太’是也。”

三、宋邵博《邵氏闻见后录》卷十四：“范晔父名泰，改‘郭泰’、‘郑泰’为‘太’字。”

四、宋孔平仲《珩璜新论》卷一：“范晔父名泰，故《后汉书》无‘泰’字。”

五、宋洪适《隶释》卷十《凉州刺史魏元丕碑跋》亦云：“范蔚宗避其父讳，《后汉书》无‘泰’字。”

六、金王若虚《滹南遗老集》卷二十《读史辨惑》：“后汉郭太，字林宗。范晔作传，以父讳，止称林宗。”

七、清钱大昕《十驾斋养新录》卷六《后汉书注释搀入正文》：“蔚宗书避其家讳，于此传前后皆称林宗。”

八、清张尚瑗《三传折诸》卷二《其不称名盖为祖讳也》：“为祖讳不称名，后世有仿其例者。蔚宗《后汉书·郑太传》称‘公业’、《郭太传》称‘林宗’。”

以上八种文献明确了《后汉书》改“郭泰”为“郭太”是因为范晔的父亲叫范泰，为避家讳而改字。至于《郭太传》中又称“郭太”为“林宗”，用郭太的字，则是因为“太”与“泰”同音，仍然有触犯家讳的嫌疑。古人不仅要避讳，还要避嫌，因此同音字也要避免使用。

古代避讳有家讳、有国讳。有的则是为尊者讳、为长者讳。常见的避讳的方法至少有三种：一缺笔，二改字，三改称。缺笔，比较常见，例如李世民的“世”、“民”，在唐石经中都有缺笔。改字，也由来已久，长沙马王堆出土的《老子》甲乙二本，甲本“大邦”、“小邦”，乙本作“大国”、“小国”，就是回避刘邦的讳而改字的。东汉吴郡太守朱梁，本名肇，因避汉和帝刘肇讳，改名“朱梁”。《吴地记》曰：“（娄门）东南三里有汉吴郡太守朱梁坟。本名肇，避后汉和帝讳，改为梁。”二十四孝中有一位叫孟宗，以“孟宗哭竹”广为人知。《三国志·吴书·孙皓传》：“右大司马丁奉、司空孟仁卒。”裴松之注引《吴录》云：“仁，字恭武，江夏人也。本名宗，避皓字，易焉。”可见，《三国志》里的孟仁就是二十四孝里的孟宗，因避孙皓的字“元宗”，改名“孟仁”。改孟宗为孟仁，应当是孟宗生前所为。《三国志》的作者陈寿作为晋朝人，没有必要为孙皓避讳。“司空孟仁卒”，应当是吴国史官的口气，陈寿使用了吴国的实录原文。改字的现象，有时候表现为重新起名。清代学者诗人法式善，蒙古族，原名运昌，乾隆皇帝认为“运昌”与“关云长”音近，犯关帝讳，因此赐名“法式善”。避讳改名作为一种文化现象，在小说中也有反映。《红楼梦》第二十四回：“原来这小红本姓林，小名红玉，只因‘玉’字犯了林黛玉、宝玉，便把这个字隐起来，便都叫他‘小红’。”

改称，是指为了避讳改用当事人的别名。有的是生前改用别名，有的是身后改用别名。生前为避讳改称的，汉末河内太守魏朗，字少英，因为曾在会稽太守王朗手下为官，便改称“少英”。《三国志·吴书·虞翻传》裴松之注引《会稽典录》：“河内太守上虞魏少英，遭世屯蹇，忘家忧国，列在八俊，为世英彦。”清周广业《经史避名汇考》：“惟河内太守上虞魏少英称字。以少英名朗，与府主同，故避之。”明代画家文征明，原名文璧，字徵明，因为文氏先人南宋文天祥的儿子叫文璧，于是改称“文徵明”。清姜绍书《无声诗史》：“文衡山先生者，长洲人，初名璧，字徵明，故信国公裔也。避祖讳以字行，更字征仲。”清叶廷琯《鸥波渔话》则有另外的解释：“相传衡山初名璧，字徵明，因文信国子璧仕元，不欲与同名，故以字行。”《鸥波渔话》还认为文徵明的原名是文壁，他曾看到文徵明在四十八岁时的署名“文壁”。后听说郡中某姓藏《文氏族谱》，文徵明尚有兄名文奎、弟名文室，其昆季皆从列宿命名。无论是文璧，还是文壁，总之都是为避开先人名讳而改用别名。

身后避讳改称的情况比较常见。后赵武帝石虎，字季龙。唐高祖李渊的祖父叫李虎，李渊追尊为太祖景皇帝。唐人修《晋书》，石虎被称为“石季龙”，称字不称名，是唐朝人避国讳而改称。东汉郑玄，字康成。清代康熙皇帝名玄烨，于是清朝人称郑玄为“郑康成”。前面所说的《后汉书》称郭太为“林宗”，就是身后因避讳被改称。同时提到的《后汉书》称郑太为“公业”，也是因范晔的父亲叫范泰，而改称郑太的字“公业”的。范晔本人，到了清代，为了避玄烨的讳，也被改称范蔚宗。

由此可见，范晔《后汉书·郭太传》称郭太 为“林宗”，是基于避讳改称，和郭泰是不是“主要生活于平民之中”并无关系。

（作者单位：齐鲁师范学院文学院）

清代官修方志对抗清“殉节”历史叙述的演变

——以江南五府为例（上）

张怡雯

引　言

每到改朝换代之际，在遗民意识的驱使下，为旧王朝殉葬的“忠义之士”总是层现迭出。明清易代之际，在主体民族变动引发全国范围内长期动乱的背景下，更是出现了数量极多、具有典型性的“殉节”行为。

明清方志的地方主义意识浓厚，以理学在民间社会极度发达以至于窒碍为背景，理学对遗民“殉节”之道德内涵的宣扬与推动，使得这种道德典范成为各地方志争相记述的内容，表现为有意识的竞争行为。地方志所具有的伦理教化功能，也使得于文字记载中树立这样的道德偶像进行道德说教显得意义重大。

明清之际这些“为一邑增重”的“殉节”事迹，应当是“励俗雅风”的地方志争相采录的材料。然而，涉及清初颇为敏感的民族矛盾问题，地方志对这些“殉节”事迹并不是从始至终推崇的。清代前中期的方志对此的记述有一个内容上从无到有、叙述上从简略到翔实、感情上从避讳到宣扬的过程。借方志中这一系列转变，考察有清一代文化政策的大氛围及其变化，是研究清代文化政策一个十分微观又不容忽视的角度。

在考察清代方志历史书写的这种变化的问题上，江南地区是极具典型的。

在明代，苏松常嘉湖五府被称为“江南腹心”，是全国经济文化的重心，成为明清之际残明势力与清军争夺的重点。而号称“人文渊薮”的三吴之地的士民，具有极为强烈的“夷夏大防”意识，故而他们做出的抵抗十分顽强。不少士人甚至以死明志，更有兴兵起义者，最后“死节”的例子较别处更为集中。另一方面，明末政治局势复杂，“殉节”事涉李自成起义和各处蜂拥而起的“流贼”势力，与抗清死难混杂难辨；而江南一带受到这一类势力的影响较少，因而地方志中关于明末抗清“殉节”的叙述也更为集中。

官修方志对抗清殉难事迹记述演变的三个时期：

1. 第一个时期

清代前期的顺治、康熙和雍正三朝，由于此起彼伏的抗清斗争尚未平息或者历史记忆依然深刻，清廷对清初的满汉民族矛盾问题极为敏感，因此甚为讳谈。即使如顺治曾于十年十月下诏表彰、谕祭李自成攻入北京之后殉难的范景文等十六人，却对表彰昔日抗清而死之士的奏议仅批覆一句“命所司详访确议以闻”之后再不闻后续。而这个时期的官方史学，对明清之际诸多事件也是避而不提。康熙在修纂《明史》时，要求修史过程中“以次进呈”“徐徐翻阅，考镜得失，不至遗漏”（《圣祖章皇帝实录》），言下之意即是将评价历史的主动权由官方修史掌握，然后通过君主对修史的干预，亲自定夺笔削褒贬。在修纂明史的过程中，馆臣曾一度在《修史条例》中说明要专门记述明末抗清死难人士，但最终呈现的《明史》版本中，《忠义传》一门涉及明末的人物仅限于抗击李自成起义者，而对抗清“死节”只字不提。在修纂严格受到皇帝监控的《明史》中，这种情况体现的是皇帝对于此事的态度。

与此相关的是该时期方志中对明末抗清“殉节”的记述。其数量和分布见下表：

表 1：顺康雍三朝官修方志记述抗清死难事迹的数量及分布

	相关传记	提到死难人数	有无“忠节”目	所属类目
康熙十四年《海宁县志》	0	0	有	
康熙二十二年《上海县志》	1篇	1	无	人物门・名臣目

	相关传记	提到死难人数	有无“忠节”目	所属类目
康熙二十六年《常熟县志》	1篇	1	有	人物门·邑人目
康熙三十四年《常州府志》	6篇	6	无	人物门
雍正九年《昭文县志》	1篇	5	无	人物门·独行目

从“殉节”事迹记录的数量和分布来看，这个时期方志对抗清死难事迹的记录，数量极少，分布十分分散。很多方志不专门设置表彰忠烈的“忠节”目；有的方志设置“忠节”目，却偏偏不把抗清而死的人物放入其中，这应该是有意为之。

在这些极少量的“殉节”事迹中，可以发现一些文字表达上的共同点。首先是用词隐晦。对时代背景的交代十分隐晦，记述士民于清兵屠戮江南时的遭遇，仅提“乙酉”或者“鼎革之际”的时间，对于追随南明政权的官员则用“金陵”、“维扬”、“闽粤”等数个南明政权顽强抵抗的据点暗示他们的死亡情由。如写何刚之死，用“官兵部员外郎监军维扬遇难”（康熙二十二年《上海县志》卷十）一语带过，只知道他死于守卫扬州，而究竟是主动殉难还是死于兵难，不得而知。又记载吴炳“后督学江西，播迁闽粤，不食而死”（康熙三十四年《常州府志》卷二十四），还是运用类似的手法暗示，自已则不添一笔加以解释。其次，叙事往往采用陈述，避免感情色彩。例如吴锺峦“鼎革之际……纵火自焚死……其子福之，乙酉先赴太湖死。”（康熙三十四年《常州府志》卷二十四）描述一家死难的冷峻态度简直让人望之胆寒。其他如“项志宁……屏食数日而卒”（雍正九年《昭文县志》卷八），“毛协太……鼎革时堕河死”（康熙三十四年《常州府志》卷二十四），对所有死难事件都用“死”为之名，不露一丝一毫的态度。此外，记述“殉节”的部分所占比重轻，传记中对明亡前后的记述也是详前而略后。如康熙二十六年《常熟县志》，“邑人”目里记载永历大臣瞿式耜的事迹主要在万历崇祯两朝，而关于他在广东扶持永历南明政权而后战死的事仅写“在粤时留守死”，“事本末刊载国史，不具书”。由此可见，这些偶被方志收入人物传记中的抗清死难者，他们的出现更多是因为身居高位，政绩突出，或者是有高尚品节为士人所称道，记述其“死”不过是为了交代其人生平本末而被顺带提及。

由此可知，这个时期方志对待明末抗清死难事迹，并不以“忠烈”目之，更没有把这当做“励俗雅风”、宣扬道德意义的典范。

2. 第二个时期

乾隆朝前期，官方尚未对明末“殉节”事件给予关注，更未有重新评价的意图。因此总体上，在诸多的府县志中，依然延续了历来的做法，即不提或很少提到“殉节”事迹。然而在人文荟萃的江南地区，地方乡贤文人参与编修的方志中却已经出现为数不少的殉节事迹。每部作品中，对殉节事迹的记载风格互不雷同，没有统一的编纂程式。这种现象的出现主要与主撰人员个人的史学思想有关，如撰写《震泽县志》和《吴江县志》的沈彤，在两部志书中都在人物门·节义目中详细记述了抗清殉节人士的言行，作为好友的全祖望在他的墓志中称其“可以为天下分邑修志者之式”。而章学诚在《答甄秀才论修志第一书》中亦以畸行奇节为方志必书之事：“史志之书，有裨风教者，原因传述忠孝节义，凛凛烈烈，有声有色，使百世而下，怯者勇生，贪者廉立。”在他们看来，因为涉禁而需承担的危险性比起这些事迹裨益风教的功用来说是微不足道的。

这个时期的方志记述抗清死难呈现以下特点：

表 2：乾隆前期官修方志记述抗清死难事迹的数量及分布

	相关传记	提到死难人数	有无“忠节”目	所属类目
乾隆十年《宝山县志》	0 篇	0 人	无	
乾隆十四年《长兴县志》	0 篇	0 人	无	
乾隆三十年《海宁县志》	0 篇	0 人	无	
乾隆十一年《震泽县志》	2 篇	4 人	有	人物门·名臣目 人物门·节义目
乾隆二十六年《元和县志》	5 篇	6 人	无	人物门
乾隆十八年《长洲县志》	10 篇	14 人	无	人物门
乾隆十二年《吴江县志》	11 篇	22 人	有	人物门·节义目 人物门·名臣目
乾隆二年《嘉定县志》	6 篇	35 人	有	人物门·忠节目
乾隆十六年《昆山新阳合志》	42 篇	66 人	有	人物门·忠节目

从数量上看，呈现两种情况：其一延续了第一时期的态度，不录抗清死难或只稍加提及，且不设“忠义”目，更遑提笔墨渲染；另一种情况，与之相反，大量记录死难事迹，集中收录于“忠烈”、“节义”、“忠节”目中，并且在一篇相关传记中常常附记许多同时死难者。这说明修志者已以“殉节”作为传记的主题。

第二种情况的出现，是清代方志中有关明末“殉节”主题从无到有的一次转变。从叙述方面看，首先是“殉节”的比重增大，史料的增补相当明显。其中不仅突破了讳谈明清易代战争的态度，反而对交战细节有大量描写，如“忽报攻西北城甚急，大兵肉搏争上，学朱跃马而西，持梃格斗”（乾隆二十六年《元和县志》卷二十四），写清兵攻城突破一角的场面。此外，为渲染死之情状不惜笔墨：“启琦字玮光……格斗于里巷，刃中腹，肠出，纳肠而战，截其颈而仆。”（乾隆十四年《海宁州志》卷之十）同时，对“剃发令”引起普通民众的反抗偶有提及：“丁士俊……乙酉秋遇弁，逼令剃发，不从死之。”（乾隆十二年《吴江县志》卷三十一）“（清军下达剃发令）至是诸生周雪昉袒臂一呼，市人集者千余人。”（乾隆十四年《海宁州志》卷之十）感情色彩上，此时的秉笔者显得意气激昂。如“杨廷枢……丁亥被难，抗辞不屈，死甚烈。有绝命词十二首书之衣帽，激烈悲壮，于正气歌比 ”（乾隆二十六年《元和县志》卷二十四），将十二首绝命词比之正气歌，即是将杨廷枢之地位与民族英雄文天祥并提，激赏之情溢于言表。“南京失守，苏常继下，（徐）汧慨然太息，作书诫二子枋、柯，自投虎丘新桥下死……时闰六月，阅三日颜色如生，郡人赴哭者数千人。”（乾隆十八年《长洲县志》卷二十四）描述“异象”以及强调郡人的追怀表现了作者的态度。又如乾隆十一年《震泽县志》引遗民戴笠的《发潜录》评价殉节士人孙兆奎：“孙（兆奎）吴（易）两君，举事号召之远，联属之众，则孙不如吴；临事之慎，赴义之烈，则吴不如孙。”（乾隆十一年《震泽县志》卷十八）则是借遗老之口品评清流砥砺名节，可视为清代强势文化监控之下士人的变相“清议”。

由此可见，抗清死难事迹直到此时才被作为“殉节”正式提及——显然，编写者的态度是认为抗清的死是合乎道义的“殉难”，而且他们已经注重通过“殉难”来宣扬忠孝节义的伦理价值。

不过，这只是部分理念先行者的行为。即便是在对明末殉难讨论之风逐渐放松的江南士人文化圈里，依然有不少修纂者选择避而不谈，而那些谈论颇多的方志中品评节义的文字也往往以遗老的语言代言。对明末抗清殉难的活泼讨论虽然呼之欲出，但仍然需要一个政治的契机。

3. 第三个时期

政治理念带来的突变出现在乾隆四十一年以后。清高宗时期，清初激烈的民族矛盾在太平盛世的背景下已逐渐淡化。同时，为了"忠孝节义"的儒家伦理道德施用于"治世"的政治需要，明末忠义身上蕴含的伦理价值更为突显出来。为此，乾隆于四十年谕令追谥明末死难忠义，于四十一年在全国范围内大规模追访前明殉难诸臣事迹，命令史馆汇编为《钦定胜朝殉节诸臣录》，其中并不排除明末抗清死难之士。同时，他在谕旨中盛赞那些明末抗清殉难人士"皆无愧于疾风劲草，即自尽以全名节，其心亦并可矜怜"。对于他们"自宜稽考史书，一体旌谥……不知姓名之流……亦当另俎豆其乡，以昭轸慰"。与此举动双线平行的行为是敕修《贰臣传》与《逆臣传》，将当年投降清军的明朝人士列入其中口诛笔伐，从而标榜自己贯彻的"大公至正"的官方史学立场："一褒一贬，衮钺昭然，使天下万世，共知予准情理而工好恶，以是植纲常，亦以是示彰瘅。"乾隆一方面想要强调本朝的宽大心胸，"不以异代而歧视"，更重要的则是借此扶持以"君臣之义"为重点的伦理纲常——"立千古臣道之防者，春秋大义亦炳若日星"（《清高宗实录》），要求君辱臣死的绝对忠诚。

在乾隆"赐谥忠节"轰轰烈烈的实际行动和"大公至正"史学观点的推而广之下，各地府县志的修纂都出现了明显的转折。

表 3：乾隆后期以后官修方志记述抗清死难事迹的数量及分布

	相关传记	有无忠节目	所属类目
乾隆四十年《海宁州志》	5 篇	有	人物门 · 忠烈目
嘉庆十八年《上海县志》	9 篇	无	人物门 · 列传
嘉庆二年《增修宜兴县志》	19 篇	有	人物门 · 忠义目
嘉庆七年《直隶太仓州志》	20 篇	有	人物门 · 忠义目
道光六年《昆山新阳两县志》	43 篇	有	人物门 · 忠节目
嘉庆二十三年《松江府志》	64 篇	无	古今人物门

以上六部于乾隆四十年后首次重修的地方志，无一例外地记述了明末抗清死难的事迹。而且，这些方志普遍设立“忠义”、“忠节”一目，而明末作为历史记忆最新鲜的时代，所发生的故事自然占据了此目最大的比重。

在文字书写方面，这个时期的特点是前一时期出现的种种变化的放大。这时期的记述材料更加丰富，许多之前讳言的话题不再作为“禁忌”而被遮遮掩掩。如嘉庆十八年《上海县志》丰富了康熙二十二年《上海县志》中何刚“监军维扬遇难”的记录，终于说明了其人乃不屈而死而非死于乱兵：“可法垂涕曰：子去，吾更谁仗？刚亦泣曰：刚誓与此城存亡，安敢违公？……方渡江，闻扬州被围，还佐可法拒守。城破，投井死。”又如“陈用极……执见摄政王……劝之降不屈，王问用极曰：尔何人亦不跪？用极曰：我天朝兵部，岂肯跪？王命批其颊，用极噀血呼曰：士可杀不可辱！遂与……俱见杀。”（道光六年《昆山新阳两县志》卷二十四）将陈用极大义凛然面斥敌人以求速死的情态进行了着重描写。至于普通百姓揭竿而起的抗争也被作为忠义的典范写入其中：“笪某失其名……吴圣兆之乱与其谋，捕至论死，笑曰：我一介小人，今日得与士大夫列为忠义，而死犹生也。临刑颜色不变。”（嘉庆二十三年《松江府志》卷五十五）有的则言及了清兵屠城暴行：“大兵由青浦薄城（嘉定），城破……城中士民十不脱一，死者二万余人。”（嘉庆二十三年《松江府志》卷五十五）此时的秉笔者，对殉节者感情上的激赏表现在对忠孝节义人伦大义的大加阐发：“苏达道年七十余，犹握巨砖，大呼奋击死之。视其手足胸臂，皆备书伦字，盖其素志捐生云。”（道光六年《昆山新阳两县志》卷二十四）其中体现的正统观念也大为转变，“大兵至，营于北门，诸义兵各连小舟居东西两氿中，谋以火攻”（嘉庆二年《增修宜兴县志》卷八），将卢象观聚集的抗清力量称为“义军”则是完全认可了这些力量的正义性。与此对应的是对待曾被称为“大兵”的明朝降将降兵的态度。如写李用楫在永历朝廷“九年秋，耿（继茂）兵来侵，战于合浦青头营”（嘉庆二年《增修宜兴县志》卷八），虽然后来继茂之子耿精忠叛乱，但这时候耿兵毕竟代表清朝政权，竟然用了“侵”字来反衬出另一方的正义凛然。更为鲜明的观点体现在“忠烈”和“贰臣”的直接对比中：“顾咸正……被逮至江宁内院。洪承畴曰：汝知史可法在乎不在？咸正曰：汝知洪承畴死乎不死？承畴惭恨，遂杀之。”（道光六年《昆山新阳两县志》卷二十四）洪承畴的恼羞成怒对比顾咸正从容不迫向死而生，对“失节”的嘲讽与“死节”的敬仰判然分明。

这时期的方志无一例外将抗清死难视为“殉节”，毫不遮掩地抒写激赏之情，并且在饱含激情的文字里运用“春秋笔法”附加忠孝节义的道德伦理。可以说这时期方志修纂者对抗清死难的态度是一致的——普遍视之为“忠义”的典范大加推崇。可以说，真正在方志中恢复明末历史叙述的时代至此方才出现。

（作者单位：山东大学尼山学堂）

《四库全书》为什么未收录《读书敏求记》

江庆柏

清代常熟藏书家钱曾的《读书敏求记》是一部重要的解题目录，笔者曾撰《〈四库全书总目〉与〈读书敏求记〉》一文（《图书馆杂志》2012年第3期），从图书收录与提要撰写两个方面分析了《总目》与《读书敏求记》的关系，指出《总目》的编纂充分利用、吸收了钱曾《读书敏求记》的成果。但当时有一个疑问未能解决，即为什么《读书敏求记》这样一部非常重要、且四库馆臣极为倚重的书目未能抄录进《四库全书》，而仅仅只是著录于《四库全书总目》的"存目"中呢？

近日在考察《四库全书》编纂与图书禁毁的关系时，忽然悟到，《四库全书》不收录《读书敏求记》，或因为《读书敏求记》中有关钱谦益的记载太多的缘故。

钱谦益为明末清初著名藏书家，家有绛云楼以藏书。后绛云楼毁于大火，所遗书籍，钱谦益尽数赠给族曾孙钱曾。因此《读书敏求记》中，所记绛云楼、钱谦益（书中尊称"牧翁"）之事甚多。今通过"中国基本古籍库"搜索《读书敏求记》（清雍正四年松雪斋刻本，本文所引该书文字均见此本）中"牧翁"一词，竟有47条记录。搜索"绛云（楼）"一词，也有12条记录。还可以搜到"钱受之"（钱谦益字受之）等记录。

如卷二《唐会要》提要记道："明初人钞。绛云藏本勘过。"卷二《洛阳伽蓝记》提要记道："予尝论牧翁绛云楼，读书者之藏书也。"又云："绛云一烬之后，凡清常（引者注：清常即赵琦美，亦为常熟著名藏书家）手校秘钞书都未为六丁取去，牧翁悉作蔡邕之赠。"卷四《松陵集》提要记道："此从宋刻影录，前二卷犹是绛云烬余北宋椠本。”

再如卷一《方言》提要云：“旧藏宋刻本《方言》，牧翁为予题跋，纸墨绝佳。”卷三《邵子皇极经世观物篇解》提要云：“忆己丑春杪，侍牧翁于燕誉堂，适见检阅此册。余从旁窃视，动目骇心，叹为奇绝。绛云一烬后，牧翁所存书悉举以相赠，此本亦随之来。”卷四《白氏文集》提要云：“戊子、己丑，予日从牧翁游，奇书共欣赏，骇心悦目，不数蓬山。”

此外，《读书敏求记》还常用“公”来指称钱谦益，如卷三《天元玉历森罗记》提要云：“此是牧翁早年手录，凡疑误字标题于上。暮年则笔力老苍，字法俱橅东坡，与此截然两手。公悉以前后诗文稿付余，故余认之最真。”

《读书敏求记》中不仅有大量有关钱谦益藏书、抄书、校书、读书等事的记载，还记有一些轶事，如卷二《重编义勇武安王集》提要记道：“辛丑孟冬初旬，吾邑西乡迎关神赛会。先期，王示梦里人云：‘红豆庄有警，廿八至初二须往护持，过此方许出会。’是日牧翁赴李石台使君之约，入城止宿山庄。其夜盗至，而公无虞，王之灵实庇焉。公斋心著是书者，盖所以答神佑也。”

这类记载，在《读书敏求记》中极为常见。

然乾隆帝极为厌恶、鄙薄钱谦益。乾隆四十一年十一月十七日谕旨道：“前因汇辑《四库全书》，谕各省督抚遍为采访。嗣据陆续送到各种遗书，令总裁等悉心校勘，分别应刊、应钞及存目三项，以广流传。第其中有明季诸人书集，词意抵触本朝者，自当在销毁之列。节经各督抚呈进，并饬馆臣详细检阅，朕复于进到时亲加批览，觉有不可不为区别甄核者。”乾隆帝特别以钱谦益为例：“如钱谦益，在明已居大位，又复身事本朝。而金堡、屈大均则又遁迹缁流，均以不能死节，腼颜苟活。乃托名胜国，妄肆狂狺，其人实不足齿，其书岂可复存？自应逐细查明，概行毁弃，以励臣节而正人心。”（《四库全书总目》卷首一《圣谕》）乾隆帝明令要求禁止在《四库全书》中录用钱谦益著作。

《读书敏求记》不是钱谦益的著作，自然不在被禁之列。但问题在于，如上所述，书中记载钱谦益事迹甚多，《四库全书》自然无法直接照抄。但如简单删去与之有关的记载，则全书将支离破碎，乃至不可卒读。如将“牧翁”

等词代之以其他人物或词语，则改不胜改，而且无法掩饰。而对于《四库全书》、尤其是《四库全书总目》的编纂来说，《读书敏求记》确实又是非常重要的目录著作，我们从《总目》对该书的大量引用中可以看得非常清楚。例如仍是通过“中国基本古籍库”搜索，可以查到《总目》直接征引《读书敏求记》的有 80 处之多。而且《读书敏求记》的有些内容是其他图书无法替代的。这是四库馆臣面临的难题。

好在乾隆帝在上述谕旨中还说了这么一句：“若汇选各家诗文内有钱谦益、屈大均所作，自当削去，其余原可留存，不必因一二匪人，致累及众。”这就是说，只要删除钱谦益等忌讳字眼，收录钱谦益诗文、记载钱谦益事迹的著作，仍可保留。这是就诗文选本说的，但其他著作可以照此原则办理。

在这种情况下，四库馆臣最好的选择就是将《读书敏求记》排除在《四库全书》之外，但同时在《总目》中根据需要引用《读书敏求记》之文。

《总目》引用《读书敏求记》，如果不涉及钱谦益之人，则可根据需要照录。这一点无须解释。如所引之文涉及钱谦益其人，则四库馆臣会着意避开。

如旧本题汉严遵撰《道德指归论》六卷，《总目》云：“钱曾《读书敏求记》云：‘曾得钱叔宝钞本，自七卷至十三卷，前有总序，后有“人之饥也”至“信言不实”四章。’”

我们核对《读书敏求记》原文，发现原文是这样写的：“牧翁从钱功甫得其乃翁叔宝钞本，自七卷讫十三卷。前有总序，后有‘人之饥也’至‘信言不实’四章。”钱功甫即钱允治，字功甫。明吴县人，文学家、画家。钱叔宝即钱允治父亲钱穀，字叔宝。父子两人均好藏书。钱谦益《列朝诗集》记钱穀读书、藏书事迹云：“少孤贫，游文待诏门下，日取架上书读之。晚葺故庐，读书其中。闻有异书，虽病必强起，匍匐借观，手自抄写。几于充栋，穷日夜校勘，至老不衰。”（丁集卷八小传）钱曾《读书敏求记》记钱功甫读书、藏书事迹云：“功甫名允治，老屋三间，藏书充栋。其嗜好之勤，虽白日检书，必秉烛缘梯上下。所藏多人间罕见之本。”（卷四刘勰《文心雕龙》提要）

将《总目》的这段引文与《读书敏求记》原文相比较，可知《总目》删去了《道德指归论》一书来源的说明。之所以删去，就是因为此书得自钱谦益。《道德指归论》收入了《四库全书》，其书前提要也已经删去钱谦益的名字。

再如《总目》卷八十九《通鉴博论》提要云："钱曾《读书敏求记》曰：'下卷图格中，于至正二十六年丙午书廖永忠沈韩林儿于瓜步。大明恶永忠之不义，后赐死。此非宁王之书法，而太祖之书法也。德庆一案，尽此二十一字，又何他词之说'云云。"

而钱曾《读书敏求记》原文为："下卷图格中，独于至正二十六年丙午书廖永忠沉韩林儿于瓜步。大明恶永忠之不义，后赐死。牧翁云：'此盖宁王奉圣祖意，特标此一段，以垂示千万世。不然，安敢以开国大事自立断案乎？'予谓沉于瓜步，记其地也。大明恶永忠之不义，痛绝之也，后赐死。明当时未蔽厥辜，而后终以此正其罪也。此非宁王之书法，而圣祖之书法也。德庆一案，尽此二十一字中，又何他辞之说欤。"两相比较，可知《总目》略去的正是钱谦益所说的一番话。

再如宋朱长文撰《琴史》六卷，《读书敏求记》云："牧翁录其中董庭兰一则，以辨房琯之受诬，最为有识。他如宋太祖谓五弦之琴，文武加之以成七，乃留睿思而究遗音，作为九弦之琴，五弦之阮，苟非伯原此书，不复知琴有九弦者矣。"

《总目》卷一百十三《琴史》提要云："钱曾《读书敏求记》但录其载太宗九弦琴条，以为异闻，其实可资博识者不止是也。"《总目》略去了钱曾所引与钱谦益有关的董庭兰一则。

《总目》卷五十七《古列女传》七卷《续列女传》一卷提要云："钱曾《读书敏求记》曰：'此本始于有虞二妃，至赵悼后，号《古列女传》。周郊妇人至东汉梁嫕等，以时次之，别为一篇，号《续列女传》。颂义大序，列于目录前。小序七篇，散见目录中间。颂见各人传后。而传各有图，卷首标题"晋大司马参军顾恺之图画"。苏子容尝见江南人家旧本，其画为古佩服，各题其颂像侧者，与此恰相符合，定为古本无疑'云云。此本即曾家旧物，题识、印记并存。验其板式纸色，确为宋椠，诚希觏之珍笈。"

此段见《读书敏求记》卷二，文字与《总目》无甚出入，但在"定为古本无疑"之下，尚有如下一段文字："千载而下，睹此得存古人形容仪法，真奇书也。牧翁乱后入燕，得于南城废殿。卷末一条云：'一本永乐二年七月二十五日，苏叔敬买到。'当时采访书籍，必贴进买人氏名，郑重不苟如此。内府珍藏，流落人间，辗转得归于予，不胜百六飚回之感。”据此可知，《总目》所谓“曾家旧物”，实为钱谦益旧物。钱谦益《绛云楼书目》卷一（清嘉庆抄本）著录“《宋板古列女传》，顾恺之图像”，应即此书。其《牧斋有学集》卷四十六有《跋列女传》，可见钱谦益对此书甚为看重。《总目》所引，略去了最后与钱谦益有关的几句，遂使此书流传情况不明。

虽然引文不必原文照录，可以根据需要有所删改。但如上述文字，相信如不出现钱谦益之名，四库馆臣未必会全部删去。《总目》在用各种方法以消除钱谦益的痕迹。

《总目》且有借批《读书敏求记》而暗批钱谦益的。如《读书敏求记》提要中，在批评《读书敏求记》此书“其中解题大略多论缮写刊刻之工拙，于考证不甚留意”这一缺点时举例说：“《臞仙史略》载元顺帝为瀛国公子，诬妄无据，而以为修元史者见不及此。”所谓“元顺帝为瀛国公子”，实为钱谦益之说。《读书敏求记》卷二《臞仙史略》提要云：“元顺帝为合尊之子，牧翁取余应诗与权衡《大事记》，疏通证明之，作《瀛国公事实》。”即指此。《总目》既不好明提钱谦益，也不好明批钱谦益，只好借《读书敏求记》说事。

最后看一下《四库全书总目》卷八十七《读书敏求记》提要对本书的评价。《总目》对此书有褒有贬。其褒奖主要在两个方面：一是称赞其书目收录图书多为精善本，谓“此书皆载其最佳之本”；二是称其注重图书流传经过的阐述和版本的辨析，如称其“述授受之源流，究缮刻之同异，见闻既博，辨别尤精”。前者主要是就其收录的图书说的，后者主要是就其提要说的。《总目》对其也有不少批评之词，主要指出其三个方面的问题：一是分类不当，所谓“其分别门目多不甚可解”；二是图书归类混乱，所谓“编列失次者尤不一而足”；三是考证不精，所谓“解题大略多论缮写刊刻之工拙，于考证不甚留意”，即只注重于书籍的外在形式。

《四库全书》正总裁之一的于敏中曾对《总目》提要的撰写提出过原则性的意见。他在手札中写道：“愚见以为提要宜加核实。其拟刊者则有褒无贬，拟抄者则褒贬互见，存目者有贬无褒，方足以彰直笔而示传信。”（《于文襄手札》）。“拟刊者”即收入《武英殿聚珍版》中的图书，“拟抄者”即抄写入《四库全书》中的图书，“存目者”即不抄入《四库全书》而仅在《总目》中保留其提要的图书。

按照于敏中的意见，收入“存目”中的图书，其提要应该是“有贬无褒”。我们对照《四库全书总目》，虽说未必每一条提要都完全是如此，但基本与于敏中所提出的标准相符。例如同是钱曾所撰的《述古堂书目》，《总目》对其就全是批评。提要开头即写道：“此编乃其藏书总目，所列门类，琐碎冗杂，全不师古。其分隶诸书，尤舛谬颠倒，不可名状，较《读书敏求记》更无条理。”以下举出具体例证。提要结束处又写道：“曾号多见古书，而荒谬至此，真不可解之事矣。”经查，《总目》引用钱曾此书目的仅有一处，即卷一百十子部术数类存目《乙巳占略例》提要所引：“钱曾《述古堂书目》始以《乙巳占》、《乙巳略例》二书并列，而又不言其所自来。”只是一种纯客观的征引，且对钱曾书目未注明来源很不满。这与《总目》对《读书敏求记》的征引完全无法相比。所以提要就无须顾虑，完全是“有贬无褒”了。而《总目》对《读书敏求记》有褒有贬，已经显示了该书与“存目”中的其他图书不一样的情形。这或许体现了四库馆臣对《读书敏求记》的一种极为复杂的心情。

（作者单位：南京师范大学古文献研究所）

“儒之途通而其道亡”

——论西汉儒学之演变

曾枣庄

20世纪的两次全盘否定孔子、否定儒学是错误的。从20世纪80年代起，开始重新评价孔子和儒学，对弘扬传统文化很有意义。但近年有些提法，似乎有褒扬过度之嫌。王蒙《纪念任继愈先生》说：“任老对于儒学治国的类似说法颇感忧虑。”现在不仅有人提倡以“儒学治国”，甚至提倡“以儒学救世”，连与秦始皇“焚书坑儒”性质相近的汉武帝的“罢黜百家，独尊儒术”也全盘肯定，说什么没有汉武帝的“罢黜百家，独尊儒术”，“就不会有灿烂的中国文化”；说“所事者且十主，皆面谀以得亲贵”（《史记·叔孙通传》）的叔孙通，为“我们今天进行社会主义道德体系建设提供有价值的借鉴”；因“妬贤”而“杀主父偃，徙董仲舒”的公孙弘，有“比海还宽阔的胸怀”；把“匿情求名”“不仁而有佞邪之材”的王莽，吹捧为“具有社会主义思想的伟大的政治家、实业家、改革家”。这就难怪任、王二老对“儒学治国的类似说法颇感忧虑”了。

汉代儒家对儒学是有贡献的，他们偏重从文字上训释儒家经典，被称为汉学，而偏重义理的宋代儒学则称为宋学。但西汉儒家的情况很复杂，有虽非醇儒但大体“能行其说”的董仲舒、扬雄；有“窃其说而为不义”的伪儒叔孙通、公孙弘；有借其说以篡汉的王莽及助莽篡汉的刘歆。西汉儒学的演变也很曲折，汉初诸帝不好儒、中期外儒内法，后期重儒而西汉亡。西汉二百余年的儒学是中国两千多年儒学的缩影，研究西汉儒学对认识孔、孟之后的整个中国儒学很有意义。

一、汉初诸帝不好儒

从公元前206年刘邦称帝起，至公元9年王莽篡汉止，史称西汉，又叫前汉，共历12帝。汉初诸帝多不好儒。汉高祖刘邦“好酒及色”，其父就认为他是一个“不能治产业”的“无赖”（《史记·高祖本纪》）。楚汉相争时，项羽俘获刘邦之父太公，并以“烹太公”相威胁。刘邦却回答说，我们约为兄弟，我的父亲就是你的父亲，“必欲烹而（尔，你）翁，则幸分我一杯羹”。项羽大怒，欲杀太公。项伯说“为天下者不顾家”，杀之无益，刘邦之父才未被杀。《史记·郦生陆贾列传》载：“沛公（刘邦）不好儒，诸客冠儒冠来者，沛公辄解其冠，溲溺其中（撒尿于儒冠中）。”这颇能代表汉初对儒生的态度。

张方平《过沛题歌风台》云：“落魄刘郎作帝归，樽前感慨《大风》诗。淮阴(韩信)反接英(布)彭(越)族,更欲多求猛士为?”(《乐全集》卷二)《大风》诗见《史记·高祖本纪》,刘邦讨英布还,过故乡丰沛,悉召故人父老子弟纵酒,酒酣，高祖击筑自为歌诗曰：“大风起兮云飞扬，威加海内兮归故乡。安得猛士兮守四方？”为他夺天下的“猛士”韩信、英布、彭越均被他一一杀害，还哪来“猛士”“守四方”，这是对刘邦的无情讽刺。

刘邦死，其子惠帝即位。惠帝柔懦，刘邦认为不类己，多次想换所宠爱的戚夫人之子赵王如意为太子，未成。刘邦死后，吕后控制了一切大权。毒死了赵王如意，囚戚夫人，断其手足，挖眼割耳，饮以喑药，使之变哑，关于厕中，称为“人彘”。“吕后为人刚毅，佐高祖定天下，所诛大臣多吕后力。”（《史记·吕后本纪》）惠帝死，吕后称制，大封诸吕为王，刘家天下几乎变成吕家天下。这样的人自然也与儒道毫不相干。

吕后崩,诸吕欲为乱,大臣共诛之,迎刘邦中子代王刘恒为帝,是为汉文帝。文帝崇法，所用之人如周勃、陈平皆为刘邦旧臣，认为“法者，治之正也”，“法正则民悫（诚实、忠厚），罪当则民从”（《史记·孝文本纪》）。但他也反对严刑峻法，因缇萦上书愿为官婢，以赎父罪，文帝为之废除肉刑。

文帝崩，景帝刘启立。他平定七国之乱，先后所用窦婴、周亚夫、晁错、主父偃，也不是什么儒家人物。

由此可见，汉初诸帝，包括汉高祖、惠帝、吕后、文帝、景帝，多不好儒。高祖刘邦忙于平定四海，既看不起儒学，也没有时间复兴儒学；惠帝、吕后所用多是为汉打天下的武功之臣；文帝好刑名之言（法家），景帝好黄老之学（道家）。汉初君臣普遍认为道家的《老子》超过儒家的“五经”：“昔老聃著虚无之言两篇（指《老子》上下篇），薄仁义，非礼学，然后世好之者尚以为过于《五经》。自汉文、景之君及司马迁皆有是言。”（《汉书·扬雄传》）

二、汉初“儒宗”叔孙通实为伪儒

汉初诸帝多看不起儒家，当时一些儒家也很难令人看得起，如《史记·叔孙通传》称他为“汉家儒宗”，主要是因为他带领一帮儒生为初建的汉王朝制定了一整套礼仪制度。简言之，他充分把儒家学说与皇权需要相结合，在刘邦需要树立皇权的关键时刻发挥了关键作用。

但这位“汉家儒宗”是彻头彻尾的典型伪儒。不根据事实说话，只根据需要说话，见人说人话，见鬼说鬼话，这是伪儒的特点之一。叔孙通在秦末以文学征用。陈胜反，秦二世诏诸生问计，诸生三十余人都主张“急发兵击之”。二世怒形于色，叔孙通却说：“明主在其上，法令具于下，使人人奉职，四方辐辏（皆集权于中央），安敢有反者？”作为秦臣的叔孙通，置秦王朝命运于不顾，所说完全是违背事实的奉承话。秦二世听了很高兴，又尽问诸生，诸生或言反，或言盗。结果言反者都被捕，言盗者皆无事，并赐叔孙通帛二十匹，衣一袭，拜为博士。出宫后，诸生指责叔孙通说：“先生何言之谀也！”叔孙通回答说：“公不知也，我几不脱于虎口。”并马上逃离秦国。从个人利害关系看，不得不佩服叔孙通比那三十多个儒生聪明；但从人品看，却与儒家所宣扬的“诚信”完全背道而驰。

逃离秦国后，叔孙通先追随项梁；梁败，又追随义帝；义帝被项羽杀害，又事项羽；羽为刘邦所败，又降刘邦。“叔孙通儒服。汉王憎之，乃变其服，服短衣，楚制，汉王喜。”何为伪儒？这就是伪儒，他为了讨好刘邦，不惜脱掉儒服，穿上楚制短衣，这完全是《论语·八佾》所反对的“放（依）于利而行”。

汉五年，刘邦已并天下，诸侯共尊汉王为皇帝，叔孙通征鲁儒生三十余人，为汉制礼作乐。鲁有两位儒生不肯行，并说：“公所事者且十主，皆面谀以得亲贵。今天下初定，死者未葬，伤者未起，又欲起礼乐。礼乐所由起，积德百年而后可兴也，吾不忍为公所为。公所为不合古，吾不行。公往矣，无污我。”这是对伪儒叔孙通的深刻揭露。叔孙通笑曰：“若真鄙儒也，不知时变。”鄙儒“不知时变”，叔孙通善随“时变”，他不顾“死者未葬，伤者未起”而粉饰太平，以谋取高官厚禄。但当时仍有敢言陈胜反，不愿为汉制礼作乐的儒生，可见世间仍有真正信奉孔、孟之道的真儒。

《论语·八佾》说：“周监于二代，郁郁乎文哉，吾从周。”叔孙通是否要恢复周礼呢？不需要，叔孙通曰：“臣愿颇采古礼与秦仪杂就之。”只要搞得隆重，“秦仪”也可用。汉七年，长乐宫成，按尊卑依次向皇帝祝寿，“无敢喧哗失礼者”。刘邦高兴地说：“吾乃今日知为皇帝之贵也。”于是拜叔孙通为太常，赐金五百斤。

高祖崩，惠帝即位，建复道，经过宗庙。叔孙通说：“陛下何自筑复道高寝（高祖庙）？”惠帝惧，要立即毁复道。叔孙通说：“人主无过举。今已作，百姓皆知之。今坏此，则示有过举。”这完全不符合《论语·子张》篇所言：“君子之过也，如日月之食焉，过也，人皆见之；更也，人皆仰之。”宋人刘才邵《叔孙通论》认为，叔孙通应于此时“陈古昔圣王钦奉祖考，容受直言，与夫无文过遂非之累”（《檆溪居士集》卷一〇）。刘才邵如果与叔孙通同时，也会被他讥为“真鄙儒也”。叔孙通是伪儒，不可能教惠帝闻过而改，只会教他“文过遂非”：“人主无过举。”

三、汉武帝与“独尊儒术”

汉初诸帝多不好儒，直至汉武帝时才采纳了董仲舒“罢黜百家，独尊儒术”

的建议，儒学似乎取得了“独尊”的地位。但这只是表面现象，西汉中叶的武帝、昭帝、宣帝皆外儒内法，“霸王道杂用”。这一“罢黜百家，独尊儒术”的思想，并不是董仲舒的创造发明，只不过是法家李斯“别黑白而定一尊”（《史记·秦始皇本纪》）的反面翻版而已。秦、汉时期大一统的封建专制制度已经建立起来，迫切需要思想上的大一统来为之服务。为此，秦始皇采纳李斯“别黑白而定一尊”的建议，汉武帝采纳董仲舒“罢黜百家，独尊儒术”的建议，他们所尊不同，而独尊则一。王充《论衡·实知篇》载：“孔子将死，遗谶书曰……‘董仲舒乱我书。’”这当然是谶纬迷信之说，但说“董仲舒乱我书”，却也道出了董之尊孔实际上是“乱”孔。

汉武帝虽然采纳了董仲舒的“罢黜百家，独尊儒术”的建议，但他实际所信奉的并非儒教儒术而是巫教、巫术。他重用杜周、张汤、桑弘羊等法家人物，内行集权，外攘四夷，而儒学大师董仲舒，只做了一个小小的江都相。这就充分说明他“独尊儒术”是假，外儒内法才是真。中国历代皇帝都是如此，表面上尊崇儒家，大讲仁义道德；实际上尊崇法家，大搞严刑峻法。他们从来没有真正独尊过什么儒术。

在汉武帝招揽儒者，声称他“欲施仁义”时，一位心直口快的大臣汲黯曾当面戳穿了他的假面具：“陛下内多欲而外施仁义，奈何欲效唐虞之治乎！”弄得汉武帝怒不可遏，“变色而罢朝”。（《史记·汲黯列传》）

就汉武帝个人而言，他真正信奉的是巫教、巫术。宋人杨亿的《汉武》诗对此进行了辛辣的讽刺：

蓬莱银阙浪漫漫，弱水回风欲到难。
光照竹宫劳夜拜，露溥金掌费朝餐。
力通青海求龙种，死讳文成食马肝。
待诏先生齿编贝，那教索米向长安。

据《史记·封禅书》载，汉武帝曾遣方士入海寻仙山蓬莱，求不死之药，“浪漫漫”指“终莫能至”。西王母所居之地有弱水，弱不胜舟，《十洲记》说“鹅毛不浮，不可越也”。回风即旋风。弱水、回风皆形容蓬莱不可到。

竹宫指甘泉宫。《三辅旧事》载，汉武元封二年（前109）建甘泉通天台，以候天神，天神下祭所，如大流星，乃举火，帝到竹宫望拜。又《三辅黄图》载，神明台在建章宫，汉武帝祭仙人处。上有承露盘，有铜仙人捧铜盘玉杯，以承甘露，以甘露和玉屑饮之，可以成仙。“光照”一联的“劳夜拜”，“费朝餐”，皆谓其枉费心机，神仙不可求，长生不可得，就同蓬莱不可到一样。“力通”一联讥其穷兵黩武，求仙受骗。龙种，马名，产于青海，汉武帝曾派李广利前后率兵十余万伐大宛索取汗血马，故以“青海求龙种”喻之。文成指齐人少翁以鬼神事受宠于武帝，封文成将军。数年神不至，乃伪造帛书以喂牛，杀牛得书。后败露，杀文成，为掩盖其真相，却说他是食马肝而死。尾联讥其对文臣的态度，与黩武求仙实成鲜明对比。待诏先生指东方朔，《汉书·东方朔传》载，武帝初即位，东方朔来上书，自称“目若悬珠，齿若编贝”，“可以为天子大臣”。武帝壮其言，令待诏公车。东方朔俸禄很薄，又谓“侏儒饱欲死，臣朔饥欲死。臣言可用，幸异其礼；不可用，罢之，无令但索长安米”。方回概括此诗主旨说：“讥武帝求仙，徒费心力，用兵不胜其骄，而于人才之地不加意也（指尾联）。”（《瀛奎律髓》卷三）

巫蛊之祸更是汉武帝信奉巫教巫术的集中表现。谗臣江充与太子有矛盾，诬告太子埋木人诅咒武帝。太子矫诏杀江充，长安大乱，言太子反。武帝发兵围太子，父子战于京师，死数万人，太子自缢而死。武帝后来知其无辜，为筑思子台。前人有不少咏思子台的诗赋，诗如白居易《思子台有感二首》(《白氏长庆集》卷二五），自注说：“凡题思子台者皆罪江充。予观祸胎不独在此，偶以二绝句辩之。”诗有“但以恩情生隙罅，何人不解作江充”；“但使武皇心似烛，江充不敢作江充”句，意思是说巫蛊之祸的责任主要不在江充，而在武帝自己。赋如苏过奉父苏轼之命所作的《思子台赋》（《宋文鉴》卷一〇），痛斥汉武帝“多忌”、“好杀”，把左右的人都当作敌人，掀起一次又一次的巫蛊之祸。当他征伐四夷时，似乎是“雄杰”之主；当他信奉巫教，失道嗜杀时，比婴儿还更无知。苏过还进一步揭露说，汉武帝害死了太子，就“慷慨悲歌，泣涕踌躇”，而他杀了那样多的大臣、忠臣，“皆以无罪而夷灭，一言以就诛，曾无兴衰于既往，一洗其无辜”。苏过之所以在《思子台赋》中大动感情，显然寓有父亲忠而被谤、远谪岭南的隐痛。

自汉武帝“罢黜百家，独尊儒术”后，几乎被历代皇帝奉为国策。孔子这位生前吃尽苦头的人，在长达两千多年的中国历史上，竟取得了“独尊”的地位，而且有越来越尊的趋势。但也像汉武帝一样，从来没有哪朝皇帝独尊过儒术，都是诸术并用，只要对巩固统治有利。梁武帝萧衍信佛，舍身佛寺。老子姓李名耳，唐以老子为李氏祖先，尊为太上玄元皇帝。唐玄宗尊《老子》、《庄子》、《列子》为真经。宋代儒、释、道三教并崇，宋真宗、宋徽宗对道教的尊崇更达到了狂热的程度。

为什么历代君主既未“独尊儒术”，而又要提倡“独尊儒术”呢？主要是因为孔子的伦理思想有利于把老百姓皆变为顺民，而他提出的君君、臣臣、父父、子子思想，更有利于巩固封建专制制度。《论语·颜渊》载：“齐景公问政于孔子，孔子对曰：‘君君、臣臣、父父、子子。’公曰：‘善哉，信如君不君，臣不臣，父不父，子不子，虽有粟，吾岂得而食诸？’”齐景公的回答，颇能说明历代君主“独尊儒术”的原因，如果没有这套等级制度，就很难巩固其统治：“虽有粟，吾岂得而食诸？”也说明孔子及其儒学从本质上讲不是代表人民而是代表统治者利益的。

“独尊儒术”实际上就是禁锢思想，不许有自己的思想，它是中国封建社会专制制度得以长期维持、中国社会长期停滞不前的重要原因之一，它结束了先秦百家争鸣的文化兴盛局面，是“万马齐瘖究可哀”（龚自珍《己亥杂诗》）的根源，怎么能说没有“独尊儒术”，就“没有灿烂的中国文化”呢？

四、“多诈而无情实”的公孙弘

汉武帝没有重用董仲舒，但重用过其他儒生，特别是公孙弘（前200—前122）。原因就在于董仲舒虽非醇儒，但至少还是“为人廉直”的儒者；而公孙弘与叔孙通一样，也是一位以阿谀奉承猎取高官厚禄的典型伪儒。

无论作为儒生还是丞相，公孙弘都没有多大建树。“年四十余乃学《春秋》”（《史记·公孙弘传》），在研治《春秋》方面远逊于董仲舒。《汉书·艺文志》著录有“公孙弘十篇”，但早已失传。清人辑有《公孙弘书》一卷，《握奇经解》一卷，根本没有董仲舒《春秋繁露》那样的名著传世。

公孙弘的仕途起步更晚，少时为狱吏，以罪免。年六十始征为贤良博士，出使匈奴，以无能罢。元光五年（前130）又诏征文学，所征儒士百余人，弘对策（时已七十岁）居下等。策奏召见，武帝“见状貌甚丽，拜为博士”。数年间竟位至丞相。他以垂暮之年，为什么会如此飞黄腾达？

一是靠善于迎合帝意。公孙弘在应诏的对策中，强调应当以儒家标榜的仁、义、礼、智为本，又把法家的法、术、功、利融入到儒家的仁、义、礼、智中，认为“致利除害”是仁的关键，“有功者上，无功者下”，“法之所罚，义之所去也”，把法术同礼义混为一体，把儒家的“智”解释为君主用以控御臣下的法家之术。这种糅合儒、法，外儒内法的统治术，完全符合汉武帝的心意，也是汉武帝把他从末等“擢弘对为第一”的根本原因。他常言“人主病不广大，人臣病不节俭”，这当然是汉武帝乐于听到的。在朝廷上，他从“不肯面折庭争”，“又缘饰以儒术，上大说之”。“董仲舒以弘为从谀。”（《史记·董仲舒传》）《汉书·武帝纪》载，这位以儒学位至丞相的公孙弘，实际主张行秦政，主张“禁民无持弓弩”，李弥逊《议古》（《筠溪集》卷九）曰：“陈涉起阡陌，偏袒一呼。天下响应，斩木为兵，揭竿为旗以亡秦，乌在其兵甲坚利耶？为国者苟德教足以感人，刑政足以制众，虽赏之，不窃。不然，欲祸乱之弭，难矣。公孙弘为相，不知出此，而欲禁挟弓矢以除盗。寿王谓是擅贼威而夺民救也。诚哉，腐儒之术乖疏一至于是！”

二是靠排斥异己。公孙弘为人猜忌，凡与其有矛盾者，他表面上与之友善，却“阴报其祸，杀主父偃，徙董仲舒于胶西，皆弘之力也”（《史记·公孙弘传》）。这也是伪儒的突出特点。明人崔铣云：“弘有相之末，无相之本，盖妬贤也。汲（黯）直非受知于君，必死弘手。”（《士翼》卷三）刘克庄《杂咏一百首·公孙弘》诗亦云：“极力排舒黯，联翩去不回。惟应刀笔吏（弘少为狱吏），时得到翘材。”（《后村集》卷一五）

三是靠大耍两面派手法。汲黯曾指责他“多诈而无情实，始与臣等建此议，今皆倍（背）之，不忠”。多诈而无实，这也是伪儒的共同特点，他们不是根据事实说话，而是根据自己的利害、需要说话。汲黯还以“弘为布被，食不重肉”作为他“多诈”的表现之一：“弘位在三公，俸禄甚多，然为布被，此诈也。”弘却以退为进，承认自己之诈，称美汲黯之忠，反不利为有利：“夫九卿与臣善者无过黯，然今日庭诘弘，诚中弘之病。夫以三公为布被，诚饰诈欲以钓名……且无汲黯忠，陛下安得闻此言？”（《史记·公孙弘传》）武帝以为弘谦让，任为丞相，封平津侯。

淮南、衡山王谋反，弘自以为无功而封侯，位至丞相，诸侯有叛逆之计，皆宰相不称职的表现。于是再次以退为进，上书辞位，表示“愿归侯印，乞骸骨，避贤者路”。他又再次成功了，汉武帝不但未收其侯印，反而下诏嘉奖，赐以牛酒杂帛，重起“视事”，最后“竟以丞相终”（《史记·公孙弘传》）。

清人方苞《又书儒林传后》（《望溪集》卷二）论公孙弘以布衣为三公说：“由弘以前，儒之道虽郁滞，而未尝亡；由弘以后，儒之途通而其道亡矣。此所以废书而叹也。”班固《汉书》卷八十八《儒林传》已说过类似的话，只是没有方苞简明：“自武帝立五经博士，开弟子员，设科射策，劝以官禄，讫于元始，百有余年。传业者寖盛，枝叶繁滋，一经说至百余万言，大师众至千余人，盖禄利之路然也。”汉武帝以利禄诱儒士，公孙弘以儒学由布衣而位至丞相。孔子创立儒学是为了明道，儒家之徒学儒是为了做官，后代儒生参加科举考试（均考六经、四书）更是为了做官，“儒家途通而儒道亡”也就是仕途通而儒道亡，这是“独尊儒术”的严重后果之一。

五、“诵六艺以文奸行”的王莽

汉武帝的后代同样是外儒内法，也没有“独尊儒术”。汉宣帝“所用多文法吏，以刑名绳下”。他的太子（即后来的汉元帝）劝他说：“陛下持刑太深，宜用儒生。”宣帝大怒道：“‘汉家自有制度，本以霸王道杂之，奈何纯任德教，用周政乎！且俗儒不达时宜，好是古非今，使人眩于名实，不知所守，何足委任！’乃叹曰：‘乱我家者，太子也！’”（《汉书·元帝纪》）“本以霸王道杂之”，这就是汉家制度，也是中国历代封建王朝的制度。汉宣帝不打自招地供出了历史的真相，把“独尊儒术”的画皮完全撕掉了。

“乱我家者，太子也”，宣帝说准了，招致王莽篡汉、西汉灭亡的，正是这位主张“宜用儒生”的汉元帝。《汉书·元帝纪》称他“少而好儒，及即位，征用儒生，委之以政，贡（禹）、薛（广德）、韦（贤）、匡（衡）迭为宰相。

而上牵制文义，优游不断，孝宣之业衰焉”。可见西汉真正重儒的是汉元帝，招致西汉衰亡的也是汉元帝。

其子汉成帝亦好儒（“壮好经书”），“幸酒（好酒），乐燕乐”，他继位后，封其舅王凤为大司马、大将军、领平章事，开始了后党专权。他倡导儒学，《汉书·成帝纪》称他“湛（沉）于酒色，赵氏（赵飞燕）乱内。外家擅权，言之可为于邑（气短貌）。建始（成帝年号）以来，王氏始执国命，哀、平短祚，莽遂篡位，盖其威福所由来者渐矣”。

一提起王莽（前45—23），大家都知道他是篡汉自立者，是短命的新王朝的建立者，恐怕未必所有人都知道他也是伪儒。翻翻分为上、中、下三卷的《汉书·王莽传》所载他的上书和诏令，就不难发现他动辄以“六经”、《语》、《孟》之言为据，以文其奸言和奸行，是两千多年的中国历史中唯一一位以儒生身份成为开国皇帝的人物。他当上新朝皇帝之后，就根据《周礼》大搞复古改制，搞得天下大乱，只当了十四年皇帝，新朝就灭亡了。简言之，王莽篡汉成功，与他善于用儒学包装自己、树立形象有很大关系；新王朝短命，更与他借儒家理论推行新政和所谓“改革”有直接关系。

王莽是汉元帝王皇后的侄子。皇后之父、兄、弟，在元帝、成帝时，位居辅政者凡九侯，五大司马。王莽父早死，未封侯。少孤贫，于是折节读书，恭俭礼让，“被服如儒生”。世父王凤病，莽侍疾，亲尝药，蓬首垢面，累月不解衣带。凤临死，托太后及帝，拜莽为黄门郎。诸名士皆言莽贤，永始元年封为新都侯。爵位愈尊，莽操愈谨，虚誉愈隆，超过其伯、叔。他曾私买侍婢，有人议论，他就说是为无子的后将军朱子元买的，并立即以婢送子元，“其匿情求名如此”！年三十八，擢为大司马，继四父而辅政。他更加克己复礼，更加恭俭下士，所得赏赐都分给士人。母病，公卿列侯的夫人去问疾，莽妻出迎，布衣仅蔽膝，误以为是女仆。知其为王莽夫人，皆大惊。

成帝崩，哀帝即位，他以退为进，上疏辞位，换得的是增封三百五十户，位特进、给事中，礼如三公。哀帝崩，年仅九岁的平帝即位，王莽控制了全部军政大权。对他来说，没有朋友，只有有用的人。大司徒孔光声誉颇高，对他还有用，于是尊事孔光。对他没有用的人，特别是对他有威胁的人，他就胁持上下尽逐之。附己者擢拔，忤己者诛逐，这就是他的用人原则。大司马董贤被迫自杀，成帝赵皇后、哀帝傅皇后被令自杀。

他欲有所为，多侧面略露其意，其党羽就承其意奏请，自己却稽首涕泣，坚决推让，上以欺太后，下以惑百姓。如讽益州令献白雉，群臣力陈莽有定国安汉之功，宜赐号安汉公。莽再三固辞而后受。又讽公卿奏言，因皇帝年幼，王太后年老，诸事皆决于莽。泉陵侯刘庆上言："周成王幼，少称孺子，周公居摄。今帝富于春秋，宜令安汉公如周公，行天子事。"群臣皆说宜如刘庆所言。其后郊祀天地，祭祝之辞皆称为"假皇帝"，臣民谓之"摄皇帝"。

平帝崩，他故意立年仅两岁的刘婴为帝。孺子婴四年，他认为时机已到，干脆废婴自立，改国号为"新"，由"假皇帝"变成了真皇帝，完成了篡汉自立的最后一道工序。

王莽为了给自己树碑立传，收买士心，于是大兴儒学，起明堂、辟雍、灵台，为学者建筑规模宏伟的学舍。增博士员，每经各五人，征天下通一艺者为教授，网罗天下儒士千余人。阿谀之臣歌颂道："昔周公奉继体之嗣，据上公之尊，然犹七年，制度乃定。夫明堂、辟雍，堕废千载，莫能兴。今安汉公起于帝家，辅翼陛下，四年于兹，功德烂然。"其兴儒之功，似乎超过了汉武帝。

他还根据儒家经典《周礼》，复古改制，妄图恢复井田制，改全国民田为"王田"，不得买卖；改革官制、官名，改得十分繁杂，连官吏自己都记不清楚；加强盐、铁、酒、铸钱的官营，表面上是为抑制富商大贾，实际上是要控制全国经济大权；他不断改革币制，把汉武帝以后通行的五铢钱先后改为大钱、契刀、错刀、小钱、宝货等新币，造成严重的货币混乱；为了宣扬国威，他收回汉王朝发给各少数民族首领的印绶，改授新王朝的印绶，把匈奴单于改名为"降奴单于"，把高句丽改为"下句丽"；为制造舆论，他颁《符命》四十二篇于天下，借当时流行的符瑞证明刘家天下"传于新室"乃是天意。

随着王莽篡权的逐步成功，首先引起帝党刘氏之不满，著名经学家刘向说："今王氏一姓，乘朱轮华毂者二十三人……兄弟据重，宗族盘互（盘结交互）。历上古至秦汉，外戚僭贵，未有如王氏者也。"（《汉书·刘向传》）安众侯刘崇右起兵反莽，很快为王莽所镇压。但他托古改制的倒行逆施，引起各地反抗，包括刘氏后裔。昆阳之战，刘秀大败王莽军主力，决定了王莽政权的垮台，王莽被杀。

班固《汉书·王莽传》赞曰："莽既不仁而有佞邪之材，又乘四父历世之权，遭汉中微，国统三绝，而太后寿考，为之宗主，故得肆其奸慝，以成篡盗之祸。""不仁而有佞邪之材"，伪儒多"不仁"，所作所为实际是违背孔孟之道的；但不得不承认他们有材，尽管是"佞邪之材"。白居易《放言五首》（卷一五）之一云："周公恐惧流言日，王莽谦恭下士时。假使当时身便死，一生真伪有谁知？"王莽如果死在"成篡盗之祸"以前，人们或许会认为他是真儒，谁能弄清他的"一生真伪"？乾隆皇帝好翻案，作《反白乐天放言句》（《御制诗初集》卷十八）："周公恐惧流言日，王莽谦恭未篡时。即使当时身便死，一生真伪有人知。"假的就是假的，即使王莽死于篡位之前，恐怕也难掩其"一生真伪"。

六、龙种与跳蚤，孔孟与孔孟之徒

恩格斯在《反杜林论》中曾引德国诗人海涅的一句名言来讥刺当时的"马克思主义者"："我播下的是龙种，收获的却是跳蚤。"并说马克思曾说："我只知道自己不是马克思主义者。"也就是说，马克思主义已被它的门徒们歪曲到连它的创始人都羞于承认的地步。这几乎是各种学说创始人的共同命运，孔子也不例外。西汉的儒学已经不是孔子的儒学，如果起孔子于地下，他很可能也会发出同样的感慨：我不是儒家。孔子生前东奔西走，周游列国，未能实现其学说；死后，历代"独尊儒术"的帝王及一些孔孟之徒，更把他的学说歪曲到面目全非的地步。"面谀以得亲贵"的叔孙通，"多诈而无情实"的公孙弘，"诵六艺以文奸行"的王莽，孔子肯定是羞于与这些"儒家"为伍的。

苏轼《荀卿论》评孔子说："其所言者，匹夫匹妇之所共知；而所行者，圣人有所不能尽。"那些"匹夫匹妇之所共知"的孔子伦理学说，圣人都未必能完全实行，而后世一些以"圣人"自居的伪儒根本就未打算实行。同文又说："学圣人者，岂必其言之云尔哉，亦观其意之所向而已。夫子以为后世必有不能行其说者矣，必有窃其说而为不义者矣。"区别真儒和伪儒，一是看其用意，"观其意之所向"；二是看其是否言行一致，伪儒的特点就是不仅"不能行其说"，而且"窃其说而为不义"。他们根据时势需要，借儒学以谋私利，其突出的特点就是口是心非、表里不一，言行不一、言不顾行、行不顾言。以其所行来衡其所言，不少鸿儒实际是伪儒。

孔子的言论虽不像某些人所鼓吹的那样皆可作为中国文化的“规矩准绳”，如“君君、臣臣、父父、子子”的封建等级观念，“民可使由之，不可使知之”的愚民主张，把女子与小人并列（“唯女子与小人难养也”），以义、利区别君子、小人（“君子喻于义，小人喻于利”）等言论，尽管儒学家们做了种种辩解，恐怕也很难自圆其说。但也有不少观点至今皆可作“规矩准绳”，如“仁、义、礼、智、信”，强调诚信（“言而有信”，“人而无信，不知其可也”，“知之为知之，不知为不知”），强调师贤改过（“三人行必有我师焉，择其善者而从之，其不善者而改之”，“过勿惮改”，“见贤思齐焉，见不贤而自内省也”），强调知行一致（“始吾于人也，听其言而信其行；今吾于人也，听其言而观其行”），强调谨慎行事（“战战兢兢，如临深渊，如履清冰”），强调追求富贵要符合道义（“不义而富且贵，于我如浮云”），等等。所可惜者，历代统治者和“儒学大师”们自己就不遵守，其行为往往与之背道而驰。西汉二百余年的儒学是中国两千多年儒学的缩影，研究西汉儒学有助于我们认识孔、孟之后的整个中国儒学。

《庄子·胠箧》说：“跖（古代大盗）之徒问于跖曰：‘盗亦有道乎？’跖曰：‘何适而无有道耶？夫妄意室中之藏，圣也；入先，勇也；出后，义也；知可否，知也；分均，仁也。五者不备而能成大盗者，天下未之有也。’”圣、勇、义、知、仁等等，都是儒家的信条，却被历代大大小小的强盗，从窃钩的小偷，到拦路抢劫，杀人越货的绿林豪杰，一直到窃国篡政的王侯将相夺去了，他们没有一个不是“满口仁义道德”的。“盗亦有道”，这是庄子的至理名言，与海涅的话有异曲同工之妙。

（作者单位：四川师范大学文理学院）

儒学研究需要拓展空间

朱万曙

我刚才看了这个题目——“儒学和中国文学研究的未来走向”。这个题目有两种组合，一种是“儒学”和“中国文学”研究的未来走向，一种是“儒学和中国文学”研究的未来走向，把它分开来理解。这个题目我觉得出的对我们大家都有触动，很感谢杜老师他们儒学院给一个命题。给一个命题，就要促使我们思考。就文学研究来说，或者是儒学研究来说，这两个学术领域的组合，或者是这两个学科的组合，都会促使我们去思考一些问题，这本身就是一个新的问题。我们在座的可能大部分都是研究生，研究生不是老讲找不到题目嘛。做论文似乎是找题目越来越难，实际上题目很多。这两个词“儒学”和“中国文学”一组合，就能找到很多很多的题目。

上一次我来山大参加“儒学与中国传统小说国际研讨会”，研讨儒家思想和中国传统小说的关系，这里面的问题就很多。我当时做了一个发言，讲《儒林外史》和儒学的关系。因为我认为儒学和中国传统小说关系最密切的、最能充分体现两者关系融合的典型作品是《儒林外史》。《儒林外史》是讲读书人的“文行出处”的，而“文行出处”是儒家思想的大命题。那讲来讲去，讲的还是人怎么处世，人怎么有自己的一种文化准则，人怎么去活着。宁愿去贫困但是不违背自己的一种文化价值观去活，这是一种活法；还有一种是，为了功名富贵，不要“文行出处”，不要文化准则去活。这个问题年轻的时候可能涉及不到，到人生某个阶段，他就要面对这个问题。比如说有的人要去做官，他就得灵活一点，对上要低头，对下有的人趾高气扬、颐指气使，这都是一个做人的问题。这个做人的背后，都是文化准则、文化价值观的问题。所以从儒学和文学、古代文学这样的视角来进行研究，有很多的题目可以去做。对《儒林外史》等古典小说名著以及那么多的作家，从这样一个视角去切入，去了解他们的人生，了解他们内心的观念和情感，我想的确就会有很多的发现。只是以前没有人很深入很系统地去做，这个是从文学的角度，可以从儒学的视角切入，这是一个视点。

反过来，我也觉得咱们儒学的发扬光大，可能也不能仅仅就是盯着咱们几部原典。刚才我们来之前，参观杜老师的工作室，我们刘石老师说这个是一个“作坊”，我们很羡慕。是一个学者真正的坐冷板凳、去做一个文献整理的浩大的工程。另外一方面，研究生特别幸福，可能每天去坐四小时，感到有压力，甚至是枯燥的、寂寞的，但是就是在这样的过程里面能够得到很好的训练。这样一个工作，毫无疑问，价值和意义都是非常重要的。

但是反过来说，我们的儒学研究，也要拓展自己的视野和研究空间。我们读文献，整理文献，特别是抓住原典去进行整理，去仔细地研读，涵咏其中，能够有自己的体悟，是非常重要的。但是我们也看一看，中国的传统社会，儒家思想是一个主导思想，在历朝历代基本上是官方的意识形态，所以它是通过各种传播途径，渗透到读书人的文化心理结构里，渗透到整个社会的文化心理结构里面。葛兆光的《中国思想史》除了用了传世文献以外，也用了很多的出土文献。这从撰写思想史来说，在当时就是一大进步了。但是还有很多东西，他并没有能够在《思想史》里面反映出来。我建议他，“你要是有空的话，去安徽的徽州看看，你到非常有名的一个景点——棠樾牌坊去看看”，那棠樾牌坊树立的那些牌坊，实际上都是阐释儒家原典里面所倡导的那些价值观——“忠孝节义”。而这些东西作为一个牌坊，它矗在村头，实际上它就在向那些最草根、最底层的民众宣传儒家文化价值观的。有些价值观，从我们今天来看，仍然是值得继承和弘扬的。比如说“孝”，我们这个社会还有很多的忤逆之子。有些价值观，今天就要一分为二了，比如说贞节观，徽州的贞节牌坊非常多。然后县志里面记载的那些节妇、烈妇，就是一个名字，但是数量非常大。也就是说，我们的这个儒家思想，或儒家学说，实际上除了原典以外，还有很多的渗透。

在我们的文学作品里面，有儒家思想的潜在的或者显现的表现，而在日常生活层面，在我们可能不太注意的一些文物古迹或者物态的文化层面，也有很多儒家思想的存在。这些存在，我们可能受视野所限，或者是精力、时间所限，还没有去关注。所以我想这一块的研究可能逐渐地把它拓展开来。

然后结合到刚才张老师所讲的这个地域。他刚才侧重讲的是地域文化性格，我是觉得儒学也可能存在着地域的差异。儒学固然是中国历史上的主流意识形态，在各个地域都有覆盖，都有渗透，但是每个地域又会有差异性。

为什么我讲这个徽州，因为我曾经做过徽学研究中心主任，我做了七年。那个地方，我跑得很多。文献、地面遗存，我都接触得很多。那个地方是很典型的，所以我说它是“封建社会后期的一个文化的标本”。标本，是因为它文献很多，地面遗存也很多。找这么一个地方，不是太容易——既有大量文献，又有大量的地面遗存，这个还是比较少的。那里的文献有很多对儒家经典的阐释和解读。当年成立的这个徽学中心是教育部的重点基地，也是做了一些工作。就是对徽州的一些文献、典籍进行收集和整理，那里面有很多的儒家的文献经典，当然也有不少的文学作品——别集。另外就是地面的遗存非常多，包括古墓，古桥，还有刚才讲的牌坊，还有它的古村落。西递、宏村都列入了世界文化遗产。没有人从儒学的角度去研究一下村落，那里面有很多的文化信息、文化符号。把这个保存儒家思想非常完整、非常丰富的一个地域，和我们山东的某一个地域，甚至和内蒙古的一些地域进行比较，又能够看出儒家思想在不同地域的保存、不同地域的渗透，以及它们之间的差异性。所以我想从这个研究的角度来说，我们的研究肯定是从一个粗浅往深入发展的过程。从单一向进行比较，越来越丰富一种思维、一个空间来拓展。当然就文学研究来说，我想儒学它是一个纬度，其他的纬度我们同样需要去拓展。

去年十一月份，我们在人大也开了一个研讨会——“中国古代文学研究：视野与方法”。他们三位老师也都是做了很好的发言，还有其他的古代文学研究很有成就的一些学者，都做了很精彩的报告和发言，就是拓展空间，拓展自己研究的思维，这样可以使我们的研究越来越充满活力，越来越有新的发现，越来越有新的成果和收获。我就简单地说这些。

2014年4月6日于山东大学儒学高等研究院

（作者单位：中国人民大学文学院）

（本文是朱万曙先生在山东大学儒学高等研究院“儒学和中国文学研究的未来走向”座谈会的发言，由山东大学儒学高等研究院博士研究生韩李良整理）

伊淑桦诗二首

徐公教五先生自台岛返里奉句

一襟长抱故山痴，雪月风花浑不知。
鸠杖疑从仙窟返，雁程定有岛云随。
但容小醉逢春盛，终许酣眠出梦迟。
谁信斯人沧海外，坐深庭绿细吟诗。

新亚先生卜居笔架山奉句

负耒向丘陇，灌园复种竹。朝汲泉涧清，暮采葵藿绿。
村邻能相厚，园事每相嘱。绝似晋时人，来随此中俗。
梧桐当户栽，庐舍依岩筑。饱看出岫云，闲弹流水曲。
岚光入砚底，日晷移山麓。岂念世悠悠，长仰峰矗矗。
殊方故人来，煮茗谈宵夙。百年何须臾，浮生多迫促。
山深许逃名，不必问高躅。

（作者单位：湖北省蕲春县地方志办公室）

石与佛（上）

陈 坚

我以前曾以《竹与佛》为题写过一篇探讨竹子与佛教关系的文章。然而，佛教不但有“青青翠竹尽是法身，郁郁黄花无非般若”的说法，而且还有“墙壁瓦石皆有佛性”之妙论。甚至北宋文学家苏辙（1039—1112）在写给佛印了元禅师（1032—1098）的诗偈中更有“粗沙施佛佛欣受，怪石供僧僧不嫌”这样令人意想不到的奇句。看来我不以《石与佛》为题来谈谈石与佛亦即石头与佛教的关系，实在是愧对前贤。既然是谈石头与佛教关系的，那么我想这篇文章亦不妨称之为佛教方面的《石头记》，或者叫《宁静的石头》也可以，以对应一部名为《疯狂的石头》的电影。要知道佛教是拒绝疯狂而崇尚宁静的，而石头的本性又恰好是宁静的。如果有一天你发现石头疯狂了，那疯狂的肯定不是石头而是别的什么东西，就像在电影《疯狂的石头》中一样，不是石头疯狂了而是人疯狂了。比如在17世纪的时候，巴黎民众以石块飞砸红衣主教马萨林（Cardinal Mazarin）及其支持者居屋的窗户，从而引发了法国历史上著名的反对王权专制的“投石党运动”（Fronde）。另外，自古至今有的国家就有允许民众用乱石投死通奸者的习俗，在这些事件中，其实都是人疯狂了而不是石头疯狂了。还比如，地震的时候常常会发生泥石流，石头在泥流的裹挟下疯狂地冲下来把山脚下的村庄给砸了甚至给埋了，其实这是地球因其内部“欲火中烧”而疯狂，并非石头疯狂了，充其量石头也只是“被疯狂”。总之，石头有着“老僧入定如不动”之品性，任凭眼前花开花落、云卷云舒，我自岿然不动。这不禁让人想起“诗佛”王维（701—761）的名句“明月松间照，清泉石上流”，松间明月再怎么妩媚甚至妖娆，清泉流水再怎么喧嚣甚至疯狂，我石一概不为所动，这哪儿是石，这分明是禅啊！可见，司空见惯的石乃是有禅性的。石即禅，禅即石。石者，禅石也；禅石者，禅师也。当然，禅并非佛教之全部，而只是佛教的一部分，尽管是很重要的一部分。现在，还是让我们从禅回到佛，放下“禅石”或“石禅”，转而来谈谈“石佛”，谈谈石与佛的关系。

说到“石佛”，也不知为什么，韩国围棋九段李昌镐和美国NBA球星蒂姆·邓肯（Tim Duncan），除了都是男运动员，其他方面并无交集的两个人，居然有一个共同的绰号叫“石佛”，是不是因为他们在各自的运动领域中都既像石一样稳又像佛一样灵所以才获得如此吉祥之名？后来我又查了一下，这“石佛”还挺热闹，比如河北有个书法家就叫石佛，而且“武松打虎”的山东阳谷县甚至还有个石佛镇。这个石佛镇就是当年蔡伦（61—121）发明造纸术的地方！正因如此，当地老百姓也有把该镇称为“纸镇”的。而石佛镇之所以叫“石佛镇”，又是因为其镇政府驻在石佛村。据说，在古代，距黄河不远的石佛村不叫石佛村，而叫幸福集，后来有一次黄河发大水，把一块巨大的石头冲到村里。洪水退后，村民发现这块石头居然是一尊石佛，真是阿弥陀佛，佛祖保佑，如此好事，岂能放过？于是大家伙一合计，得，挑着不如撞着，我们就把幸福集改个名，叫石佛村吧，有佛不是更幸福吗？“石佛村”这个名字就这样叫开了，一直叫到现在，而且还从村叫到镇，既有石佛村，也有石佛镇，真是善哉村善哉镇！

我不知道石佛村或者说石佛镇的石佛究竟是哪个年代的什么佛，抑或是就像《西游记》中作为孙悟空前身的石猴一样纯粹是个传说。不管怎么样，自佛教传入中国后，石佛——也就是用石头所雕刻的佛像——便渐渐地成了中国佛教信仰最为重要的一种信仰载体，而其之所以最为重要，乃是因为相较于诸如金佛、铁佛、铜佛、银佛、塑料佛、玻璃佛、陶瓷佛、泥塑佛、木雕佛、沙雕佛、冰雕佛、绘画佛等等，以及电子时代所创作的各种各样声光化电佛，石佛是最为普遍、最为草根、最为大众化的。它自古至今遍布中国城乡，既可以“居庙堂之高”，比如玉佛（玉佛本质上也是石佛），又可以“处江湖之远”；既上得了庙堂，又下得了村庙；现在中国佛教考古所发掘的佛像中，石佛显然是最多的，如果再加上像洛阳龙门石窟和大同云冈石窟等石窟中背连大山或大或小的那些石窟佛，那其数量就更为庞大了！我最近去重庆金佛山参加“金佛寺佛像开光法会”，该法会的宣传口号是“山即是佛，佛即是山”，这口号实在可以看作是对苏东坡（1037—1101）所诗之“溪声尽是广长舌，山色无非清净身”以及虚云老和尚（1840—1959）所偈之“春到花香处处秀，山河大地是如来”的佛学概括，即山本身原来就是佛！而这“山佛”，其实质也是“石佛”。离此不远的四川省大邑县雾中山，那里更有一座名副其实的石佛寺。另外，我们如果有时间到旅游胜地或山区农村走走，还可以听到导游或村民说，这块石头像尊佛，那座山脊像个仰天卧佛，这些“佛”显然也都与石头有关。比如，古代有一首著名的乐府民谣叫《梁父吟》，其中的“梁父”乃是指山东泰山附近一座高仅三百来米的小山“梁父山”，当地老百姓也称之为“映佛山”，因为山顶有块很像坐佛的巨石，而且边上还有《金刚经》节选石刻，与泰山经石峪和邹城四山摩崖石刻齐名，在李清照（1084—1155）丈夫赵明诚（1081—1129）的《金石录》中有收，这些可不都是“石佛”吗？实际上，不但石佛，如果说到根子上，那么金佛也好，铁佛也罢，金银铜铁实际上都是石头，或者说其前身实际上都是石头，它们都是从石头里提炼出来的；至于沙雕佛、陶瓷佛、泥塑佛，那都是石头之极细或极微者所成，因而本质上也是石头。更有甚者，在越南佛教典籍《岭南摭怪》中还记载了一件在斫木做佛像的过程中木居然变成了石的奇事。

我们都知道，越南虽然地处东南亚，但其佛教却不属于盛行于东南亚其他国家的南传佛教，而是与中国佛教同属一个体系。越南佛教中有一个类似于中国观世音的蛮娘。话说“蛮娘年九十余岁，适榕树摧倒，流到（其所居住的）寺前江津，盘旋不去。民竞斫为柴，斧斤破缺，乃相率乡里三百余人曳之上岸，其树不动。会娘下津洗手，戏撑之，树遂转移。众皆惊恐，使娘曳之上岸，令匠作佛像。其树中乃三歧所藏女处，已化成石，甚坚。匠人斫之，斧斤尽缺。匠人投石于渊中，有光芒，顷刻余始沉，匠人皆死。请娘礼拜，令渔人入水取之，迎入佛寺殿，将贴金，阇梨置号佛像曰：法云、法雨、法雷、法电，四方祈祷，无不灵应”。本想做木佛，结果木却变成了石，结果木佛也便做成了石佛，看来佛也更希望自己是“石”而不是“木”，因为“石”者，“师”

也，佛是天人师哪！而如果是木佛，那不但不是“师”，而且还可能被天然丹霞禅师（739—824）拿来烧掉烤火御寒，而石佛谁又能烧得了？赵州从谂禅师（778—897）曾说“金佛不度炉，木佛不度火，泥佛不度水”，而石佛呢，无论是“度炉”还是“度火”抑或是“度水”，都能全真保身，可见，佛还是石的好。正因为在佛的眼中石比木好，所以木佛也要变成石佛，真所谓水往低处流，佛往好处变。试想，连木佛都要变成了石佛，石佛家族可不兴旺哉？更何况除了石佛，还有与石佛具有同样佛教意义的石经、石塔和石幢呢，如北京房山的石经、山东灵岩寺的石塔和天津宝坻的石幢，甚至成都还有个石经寺。更为有趣的是，禅宗的根本经典《坛经》，这个可是大名鼎鼎众所周知，但很多人可能不知道，在唐朝的时候《坛经》还不叫《坛经》而叫《檀经》，这有唐朝宰相韦处厚（773—828）所撰写的《兴福寺内道场供奉大德大义禅师碑铭》（《全唐文》卷七一五）为证，因为，该碑铭在描述禅宗谱系时用了“《檀经》传宗”的说法，这个《檀经》显然即是《坛经》。你看，“檀”是印度之木，“坛”是中国之石（详后），不但木变石，而且还印度变中国，体现了佛教的中国化！然而，如果按常理来说，“檀”者，檀香也，印度佛经上到处记载着“檀香供佛”，因而以“檀”名经不是更有佛教意味吗？为什么要把它改成《坛经》呢？坊间一般认为《坛经》之所以以“坛”为名，那是因为慧能是在“韶州大梵寺”的戒坛上讲的这部经，所以就叫《坛经》。虽然我们现在没法考证《坛经》何以就叫《坛经》，反正相沿成习就这么叫。既然没法考证，那就不妨来点有意义的解释，像“戒坛”版这样的解释实在是淡而无味，难乎佛望。窃以为，《坛经》之取名乃是袭用了儒家的“杏坛”。“杏坛”是孔子讲学的地方，孔子的弟子将孔子的讲学记录下来，这便是所谓的《论语》；而与此相类似，慧能的弟子法海也将慧能的讲经说法记录下来编成了《坛经》。可以说，《坛经》在性质上与《论语》是一样的，都属于记载“圣人事迹和语录”的作品，只是比格言式的《论语》在文体上要更加完整些罢了。从这个意义上来说，弃印度的檀香而取儒家的“杏坛”，并把《檀经》改成《坛经》，其中贯穿着禅宗良苦用心的深刻的中国化考虑。至于究竟是谁改的，那就像胡适先生所说的禅宗里尽是些“伪造的禅史”，没必要也不可能搞清楚，而禅宗之所以要伪造禅史，那纯粹是为了更好地表达某种禅理，并无其他险恶用心。试想，连《坛经》本身都有内容和字数出入很大的七八个版本，改个经名又有什么可大惊小怪的呢？总之，《檀经》变成了《坛经》，或者说，木经变成了石经。当然，无论是越南的木佛变成了石佛，还是中国的木经变成了佛经，抑或是前文所说的佛教中的这石那石，实际上都不如一块叫“舍利子”——有时也叫“坚固子”——的石头重要，这个你肯定是懂的，用不着我在这里多说。

呜呼！佛与石的关系可谓大矣！而佛教之所以要拿石头来作为表达信仰的载体，除了刚才已提到的石有禅性，更主要的还是与石的普遍与坚固有关。试想，石如果不普遍只坚固，不足以表达佛教“普度众生”的精神；反之，石如果只坚固不普遍，则“泥菩萨过河自身难保”，又何以保众生？我们都知道，佛教有自己的世界观，按照佛教的世界观，包括我们人在内的整个宇宙乃是由地、水、火、风“四大”和合而成，当然这是小乘佛教的看法，大乘佛教讲的是地、水、火、风、空、识“六大”，但不管是“四大”还是“六大”，为首的都是“地大”。那什么是“地大”呢？“地”者，宇宙之固体部分也，其核心就是坚固的石头。坚固的石头以及依附其上的那些有形质的东西就构成了宇宙中的“地”。如果没有坚固的石头，那么其他有形质的东西都将“皮之不存，毛将焉附”，比如我们现在看到庄稼长在土里，楼房立在街上，人在路上走，车在路上跑，车水马龙，那都是因为背后有坚固的石头为支撑，要是没了石头，我们所看到的这些东西都将迅速解体而灰飞烟灭，又乌何有哉？可见，“地”的本质就是石头。“地”因为有了石头才成为“地”、才坚固。如果说“地”是坚固的石头，那么“大”就表示石头的普遍。难道不普遍吗？人类所生活的地球其实就是一块石头，宇宙中的其他星球同样也是一块石头！我们人就这样天天生活在石头上周旋于石头间，可以说须臾不离石头。不信你看六祖慧能（638—713），他的生命中就至少有六块很重要的石头，其中五块在《坛经》中而一块在《五灯会元》中。我们先来看第一块石头“腰石舂米”。

按照《坛经》的记载，慧能小时候孤儿寡母，靠“于市卖柴”养家糊口，有一天，在卖柴的过程中偶然听人诵《金刚经》，“心即开悟”。后经人指点，前往“黄梅参礼五祖”弘忍大师（601—674）。两人甫一见面，便是机锋问答。

弘忍大师见出言不凡的慧能“根性大利”，早已“禅心暗许”，有意栽培，但怕其他僧众因嫉妒而加害于慧能，出于保护的目的，就叫慧能到后院去干杂活，“破柴踏碓”（那碓也是石头做的）。慧能也无怨言，恭敬依教奉行。然而，由于身体瘦小体重不够，慧能在“踏碓”舂米时压不动那碓上的杠杆，于是就在腰间绑了块用以增重的大石头而“腰石舂米”。就这样“腰石舂米”“经八月余”，慧能终于通过了弘忍大师的勘验。紧接着，便是在一个“人尽不知”的三更时分，弘忍大师在自己的房间里秘密地将象征禅宗正统的“顿教及衣钵”传授给慧能，认定其为禅宗“第六代祖”，并嘱咐他“汝须速去，恐人害汝”。慧能不敢怠慢，遵嘱连夜带着衣钵“发足南行”，往岭南方向走去或者说逃去。

果然不出弘忍大师所料，慧能前脚刚走，后脚就有人追，“逐后数百人来，欲夺衣钵”，一直追逐到了“大庾岭”。“一僧俗姓陈，名惠明，先是四品将军，性行粗燥，极意参寻，为众人先，趁及慧能。慧能掷下衣钵于石上，曰：‘此衣表信，可力争耶？’”——这就是慧能生命中的第二块石头“衣钵石”。慧能把衣钵放在这块“衣钵石”上后，便“隐草莽中。惠明至，提掇不动，乃唤云：‘行者！行者！我为法来，不为衣来。’”见惠明拿不动衣钵，听其言又有悔过学法之意，慧能就从草莽中钻了出来，“盘坐石上。惠明作礼云：‘望行者为我说法。’”于是慧能就为惠明开示佛法，并将其收为弟子，这是慧能成为禅宗“六祖”后的第一次说法和第一次收徒。如果说，“腰石舂米”象征着慧能学佛参禅之精进，颇具励志意义，那么，“衣钵石”则表明了慧能作为禅宗“六祖”无人能争不可动摇的正当性和合法性。

然而，正如孟子所说的，“舜发于畎亩之中，傅说举于版筑之间，胶鬲举于鱼盐之中，管夷吾举于士，孙叔敖举于海，百里奚举于市，故天将降大任于斯人也，必先苦其心志，劳其筋骨，饿其体肤，空乏其身，行拂乱其所为，所以动心忍性，增益其所不能”（《孟子·告子下》），就像舜、傅说、胶鬲、管夷吾、孙叔敖和百里奚等古代先贤皆出身卑微历尽劳苦才臻于成功一样，慧能也是“此身不幸，父又早亡，老母孤遗，移来南海，艰辛贫乏，于市卖柴”，即使到了弘忍大师那儿也还是“破柴踏碓”，“腰石舂米”，干些粗活脏活，而且在得了弘忍大师所授予的衣钵后，情况不但没有好转，反而雪上加霜地被恶人追逐，先是在大庾岭遭不知深浅的粗人惠明抢夺衣钵，因“衣钵石”

因缘好歹度过一关，好不容易逃“至曹溪，又被恶人寻逐，乃于四会避难猎人队中，凡经一十五载，时与猎人随宜说法。猎人常令守网，每见生命尽放之。每至饭时，以菜寄煮肉锅。或问，则对曰：‘但吃肉边菜。’”对于一个持不杀生戒有着坚定佛教信仰的人来说，这种“避难猎人队，但吃肉边菜”的生活不啻是一种肉体折磨，更是一种精神凌辱。后来，终于有僧众迎请慧能出猎人队居住宝林古寺，然而，慧能在那儿“住九月余日，又为恶党寻逐”，于是只好“遁于前山”。谁料这帮欲置慧能于死地的恶人又“纵火焚草木”，幸亏慧能“隐身挨入石中得免。石今有师趺坐膝痕及衣布之纹，因名‘避难石’”。这块“避难石”乃是慧能“为法忘躯”艰难求法的象征，也是慧能生命中的第三块石头。我不知道这块石头今天还在不在，如果在，而且那地方又恰好被开发为旅游景区，那么这块“避难石”可就成了巧舌如簧的导游用以撩拨游客的难得的讲解素材。旅游暂且置，我们还是回到慧能。

面对恶党徒众气势汹汹的搜寻追杀，慧能隐身“趺坐”在“避难石”上静观其变，并想起了弘忍大师在与他分手时告诉他的“逢怀则止，遇会则藏”谶语，乃谨遵师嘱，在贼人退去后，“遂行隐于二邑焉”，在“怀”和“会”这两个地方隐居了下来，其中的“怀”就是怀集，“会”就是四会。怀集和四会这两个地方现在都属广东肇庆市管辖，位于广东省西北部。不过，慧能是个有远大弘法志向的人，他是不会一直当隐士的，更何况弘忍大师还曾寄予他“以后佛法，由汝大行”的厚望，只是由于因缘未到所以才告诫慧能“汝今好去，努力向南，不宜速说，佛法难起”，这不，有一天，因缘际会，“韶州韦刺史与官僚，入山请师出，于城中大梵寺讲堂，为众开缘说法。师升座次，刺史官僚三十余人、儒宗学士三十余人、僧尼道俗一千余人，同时作礼，愿闻法要”。大家都“愿乐欲闻”，希望听慧能谈佛说禅作开示，于是慧能就恭敬不如从命辩才无碍地说开了。而且这一说不要紧，顿时教化大开，一发而不可收，最终使得禅宗“一花开五叶”，兴旺发达，并由此而产生了慧能生命中的第四块石头，即作为慧能之法子同时也是慧能禅宗生命一个方向之延续的石头希迁禅师（700—790）——这可是一块巨石、一块宝石。不过，这块宝石不在《坛经》中，而在《五灯会元》中。当然，在《坛经》中，还有两块与慧能有关的石头，一块是慧能对学人问“草木瓦石，谁当受乐”以及“草木瓦石”是否入定这两个问题的回答；另一块是“浣衣石”，是慧能“振锡卓地”出清泉跪洗弘忍大师“所授之衣”的地方。《坛经》中的这两块石头——也就是慧能生命中的第五块和第六块石头——虽然也重要，但行文至此我已急不可耐地想向大家介绍《五灯会元》中那块宝石即石头希迁。

据《五灯会元》卷五，石头希迁禅师乃是“端州高要”人，也就是现在广东省高要县人，离慧能曾经活动过的怀集和四会两地都很近，因而小小年纪便对慧能有所耳闻且心生仰慕。后来慧能去了曹溪，他便追随着“直造曹溪，得度未具戒”，也就是虽然被慧能度为沙弥但却没有受具足戒成为正式比丘，因为其时年龄尚小，还不到可以受具足戒的起始年龄二十岁，因为慧能圆寂的时候他才十四岁。慧能圆寂后，他“禀遗命谒青原”，来到江西青原山的行思禅师（671—740）门下，并在那里受了具足戒。唐天宝初年（742），也就是石头希迁禅师四十三岁那年，行思禅师又“荐之衡山南寺，寺之东有石，状如台，乃结庵其上，时号石头和尚”，石头希迁禅师的“石头”名号就是这么来的。而且衡山上的那个始建于梁天监年间的南寺，就因为石头希迁禅师在寺东的石台上结草庵修行而改名为“南台寺”。南台寺几经废兴，一直保存到今天。现在的南台寺乃是全国汉传佛教重点寺院之一，大家如果有机会到衡山，不妨到南台寺走走看看，参访一下，那儿还有石头希迁禅师的墓塔呢！这个墓塔足堪为石头希迁禅师在禅宗史乃是整个中国佛教史上的贡献盖棺定论，这个定论，用仰山慧寂禅师（807—883）的话来说，就是“石头是真金铺”（参见《袁州仰山慧寂禅师语录》卷一），意即石头希迁禅师向人们开示的都是佛法“真金”，就像开了个“真金铺”一样，那么石头希迁禅师的“真金铺”里都“卖”哪些佛法“真金”呢？

（作者单位：山东大学佛教研究中心）

《封神演义》中民俗与科技的奇思妙想

白化文

《封神演义》一书，早经张苑峰（政烺）先生考证出，乃陆西星（1520—1601或1606）所作。陆西星生于正德十五年，经历嘉靖、隆庆、万历共四朝，那是明朝相对太平与生产大发展的时代。相对于后来的清朝而言，思想上的禁锢较少，各种思想都相当活跃。长篇小说陆续出现，写什么的都有，怎么写的都有，争奇斗艳。附言：那几代皇帝都崇尚道教，妄想长生，而且，不论大事小事，经常给玉皇大帝上绿章（青词），要求指示。至少是希望上天保佑皇图永固，子嗣不绝。

我虽然于小说研究是外行，但是，很爱读小说。阅读之余，不免产生一些奇思怪想。现在写出来，供读者一笑。干脆，咱们就开聊《封神演义》得了，那里面的奇思妙想忒多。

写作此稿，我也并非全无凭藉，主要参考：1.张苑峰（政烺）先生的《〈封神演义〉漫谈》一文，对我启发极大。此文现载于《张政烺文史论集》（中华书局2004年出版）之626—635页。2.刘卫英女史的《明清小说宝物崇拜研究》一书（中国社会科学出版社2008年出版），特别是其中的《〈封神演义〉中的宝物》一表，条分缕析，对我起的是索引的作用，帮助极大。至于别的，如果您从中找到哪位专家起先说过，就可认为是对我的启发，或者，干脆说是我暗中抄袭使用了人家的观点或材料。好在我写的是游戏文章，切望误以常规论文规格来要求。谢谢了！

对民俗的折射性改造

首先，我想到，陆西星是道士，他必然熟悉许多民俗与民间之事，于是，通过某种奇思妙想，加以改造，写入《封神演义》之中。试举数例：

中国民间在小儿甚至成年人高烧昏迷不醒等情况下，有到野外叫魂的民俗。所谓丢了魂了，非得叫回来不可。有时，对植物人形态的成年人也这么着来。张桂芳“呼名落马”的法术，当是受此启发，然而反其道而行之。与此同类，“落魂钟”一摇，失魂落魄。余化的戮魂幡更加厉害，可以直接把魂儿给拿掉。

三位仙姑摆九曲黄河阵，这是受农村厕所情况的启发。张苑峰先生首先指出这一点：“九曲黄河阵当是华北一带农家的大粪坑。”张先生和我等现年七八十岁以上的知识分子，大多经历下放，对此种“抽风马桶”有深刻认识。盖因中国特别是北方乡下的厕所，也就是竖起个秫秸篱笆，挖几个坑，小便多了，往往溢出厕所之外，形成“九曲黄河”之势。所以需要六百大汉日夜伺候（见五十回），不然，可就断流了。张苑峰先生还指出：“中国古代的厕神历来都是女的，这是因为妇女也要上厕所，放个男神不方便。”“古代妇女在家庭中的地位低，生育被认为是污秽不净之事，常被迫在厕内进行。婴儿落在净桶内，虽圣贤出生不免，所以厕神显得威风。”这种威风或说威力，具体表现为三仙姑的混元金斗。此斗法力甚大，把玉虚宫十二弟子等人全都吸入黄河阵内，“三花削去，闭了天门。已成俗体，即是凡夫”。这就是“屎盆子”，往头上一扣，真假难辨。然后，往“九曲黄河阵”里一摔，把人彻底搞臭。这是三姑六婆串闲话的惯用手法。当今某些造谣网站使人臭名远扬真假莫辨的迅速处理方式，实为今日威力更大传播更快的混元金斗也！混元金斗还是稳婆的收生盆，生出来的就是返本还原的婴儿，以前的事全给抹了，法力全无。金蛟剪则为妇女剪裁必备，兼作剪脐带用。女人拼命，全仗着剪刀。

隐身术，在《封神演义》中，以洪锦的“旗门遁”（“奇门遁”的谐音）为代表。其他表现形式，尚有火灵圣母的“金霞冠”，平时用“淡黄袱”遮盖，挑开后“放出金光，约有十余丈远近”，别人就看不见圣母了。当代科学已可创造出此种隐形效果。应用于军事，隐形者如战斗机、无人机、军舰等等，层出不穷。

照妖鉴，镜子的神奇功能，有许多专家早已指出，迭见于中外种种文献，不劳赘述。“照妖镜”类的宝物乃是镜子能发挥出的最高能力。中国古代小说中，以《古镜记》为先驱的神奇记录层出不穷。但是，想出使用多面镜子并用于战斗的，当属金光圣母的“金光阵”：“二十一根杆上吊着镜子，镜子上每面有一套，套住镜子。”用的时候，“将绳子拽起，其镜现出”。不但镜子多，而且还带镜套。这使我们理解了，古人对“镜套”的作用还有如此贴近神异的认识：要不是镜套套住，就是一般人，照镜子照多了，也能摄人魂魄。近代照相馆初兴时，民间有鬼子照相取人精魄的传说，溯源盖出于此乎？

至于跟测算相关的事，倒是咱们本国古老传统，《太平广记》中将其分作“算术”“卜筮”两大类。儒家虽“不语怪力乱神”，可也用《易》为教材，孔子学《易》，“韦编三绝”，这传统一直延续下来。《儿女英雄传》中的安老爷是百分百的孔子信徒，可是遇有疑难，也要推算一番。《封神演义》中此种事更是接连不断。例如文王演算先天之数，三个金钱搜求八卦玄机（三十六回，四十回）。更有最简单的掐指一算（四十七回），于今算命的依然如此。实际上，算命的不过是计算年月日时八字而已，掐算不出别的来。严格说来，这些不过是偏于消极的获取情报。知道了又能怎样？文王推算出伯邑考被醢，为了自身，还得勉强吃儿子的肉酱制成的肉饼。后果严重，导致先天数不灵。后来“吐子”，说明这个疙瘩存在心中，必须一吐为快。就是姜子牙教导武吉干的“厌星”之类的方术，也不过是趋吉避凶，虽于己有利但于人无损。姜子牙是方士出身，善于看风水，如看阳宅、镇宅营造；善于捉妖，拿住玉石琵琶精等妖精，并改造某些小妖，派他们去封神台效力；开命馆算命打卦。这些都在《封神演义》中表演得淋漓尽致。

主动出击，加害对方，可就是一场战斗了。双方全在用。计有拜木人、射草人（四十九回）、钉头七箭书等等。同样的手法，有的还要生辰八字，有的可免，如陆压观看赵公明的面貌后便可施行。这可是基本中国式暗杀办法，属于“魇魔法”类型，古代小说中常见，连《红楼梦》亦难逃窠臼。

立誓，乃是中国传统的正式盟誓手法。史籍记载极多，出土文物有时出现。爰及个人立誓，亦必应誓。申公豹拿起誓不当回事，最后塞了北海眼。殷郊、殷洪哥俩也应誓，可见，不可拿誓愿当“牙疼咒”念，这是不好当玩笑的。但是，在小说《七侠五义》中，黑妖狐智化与飞叉太保钟雄盟誓，脚下却暗中画“不”字，被《封神演义》中封的年月日时四值功曹巡游看见了，气晕了，从此人们立誓不灵。

九尾狐的传说古老，《山海经》中已见端倪，慢慢的，似乎专指魅力超群的雌狐，九尾雉鸡是连类而及。

服食求神仙，多为药所误。神仙自已却可活用：雷震子吃两枚仙杏，化为风雷二翅；哪吒吃三枚火枣，变出三头六臂。《封神演义》中有时写作“三首八臂”，与其佛教来源有关，在下有《从三头八臂到三头六臂》一文，从西方双手合十余下六只手持法宝的造像型，发展到中国武术一百二十度角三面拒敌的实用型，略加阐释。

哪吒乃莲花化身，真是神奇之笔。“化身”之说，从佛教系统借鉴而来，原来虽非腐朽，中国人点化后却格外神奇。

医药

陆西星对医药的认识水平不低。这与佛寺道观中经常施医舍药有密切关系。特别在传染病流行时，出家人是要挺身而出、义不容辞干点事情的，当然也祖祖辈辈相传积累了若干经验。例如：

瘟疫，当时对传染病的统称。症状有头疼，发躁，昏迷等等，可以通过水源感染。这是中国人早就领教过的。中行说教匈奴人污染水源，汉军瘟疫流行，据说连霍去病都因而早亡。日本鬼子的“731 部队”，冒称“给水部队”，实际上干的也是以污染水源为主的勾当。西岐城里的瘟疫，也是由吕岳等五人污染井泉河道引起。吕岳堪称“731 部队”的祖师爷。

治疗瘟疫，中医“寒门发表是柴胡”，以之作为主药。消毒，用猛火大面积快速焚烧法，杨任的“五火七翎扇”火势迅猛。这可是中国人通过惨痛教训得出的宝贵经验。《十日谈》中，意大利人遇有瘟疫，采用消极逃避法，诚不如中医之迎难而上、积极应对也。

痘疹，也是常见传染病。其中医疗法也是发表：“痘疮发表是升麻。”

但终是治标不治本，后来民间用病儿的痘苗接种，危险性相当大。迟至清代，皇上还有出痘死的，据说，乾隆爷脸上有麻子，英国使臣马戛尔尼觐见时亲眼得见。清代立皇子，要选出过痘的。这一点比不上欧洲人之发明接种牛痘，那是必须向他们学习的。

“好汉架不住三泡稀”，这是中医对跑肚拉稀的深刻认识。杨戬深明此理，让凶恶至极的马元吃了一丸泻药。连泻三天，“有失形之累”，老实多了，收服起来比较容易了，最终让准提道人给带走了。

狗：走狗与狗头（主人后面的恶人）

真狗的作用被充分认识：杨戬的走狗“哮天犬”屡建奇功。它不是咬脖子就是拖后腿。飞将军辛环的腿被它咬住，从天上直往下坠，让雷震子一棍子打死。《西游记》中，孙大圣也是被拖住后腿，导致被擒。此狗除了拖后腿，更擅长咬脖子，这是虎、狼、狮子、豹以至猞猁等食肉类猛兽制敌于死地的惯技。犬类从狼驯化而来，也会熟练使用这一招，在《封神演义》中使用最为频繁，比拖后腿多，赵公明都让它给咬了。此犬不分男女，毫无怜香惜玉之意，冲碧霄娘娘肩膀上就是一口，距离脖子才几寸哪！冲着脖子去的，小说作者为避免老是写咬脖子的重复，略作变化。别的女将，如邓婵玉，就没有这样的幸运了，遭了它的毒口，脖颈上连皮带肉扯下一大块来。要不是仗着土行孙的丹药，非得狂犬病不可。综观整部小说，哮天犬比杨戬立的功不少。《西游记》中，它不敢冲着孙大圣的脖子去，想是怕金箍棒。狗怕打狗棍！只可咬脚后跟，背后偷袭！

此外，更有练出“狗头”伤人的，季康就仗着念念有词，身后伸出一个狗头，咬敌将一口。可见主人身后的“狗头”不可小觑。季康全仗着狗头取胜，被封为“天狗星”，良有以也。

兵　器

中国小说中的兵器向来特别花样翻新：火尖枪、降魔杵（佛教器物）、打神鞭、雌雄双鞭、三尖两刃刀。谁用什么，绝不重样。就以最最普通的棍来说，土行孙用的是镔铁棍，雷震子用的是黄金棍。可是，非法宝而为正规暗器者不多，邓婵玉的五光石堪为代表，每发必中，专打脸，打得对方“鼻眼皆平”，对逃走者追加后脖颈子一下，连孔宣都前后吃亏。高兰英是邓九公的老同僚，知道五光石百发百中的厉害，故而一出马先拿太阳神针把邓婵玉的眼神射住，一刀把邓婵玉给杀了。

坐　骑

中国人作战，坐骑特别受重视，所谓“真堪托死生”者是也。唐太宗昭陵前树立六骏像，死也忘不了它们。

《封神演义》在中国小说中写到的坐骑种类最为丰富，堪称冠军、魁首。各种各样的鸟兽全可充当坐骑：与主人的身份配合默契。

道家最高级人物老子骑青牛，通天教主骑奎牛。元始天尊的坐骑是四不像（现代的动物学家比定为麋鹿），后来长期借给姜子牙。下一等的，燃灯道人骑梅花鹿，此鹿当了燃灯的替死鬼，让金蛟剪一铰两断，从此燃灯没了坐骑。

女仙骑飞禽，如云霄骑青鸾、琼霄骑鸿鹄、碧霄骑花翎鸟。

骑猛兽的多少都算反面人物，截教一派：赵公明骑黑虎，申公豹虽是阐教，可是个挑拨是非的叛徒，骑黑点虎。

三大士收服狮象犼，后来它们在《西游记》中又成精，给孙悟空找大麻烦，还得本主儿再来收服一回。

战将中，黄飞虎的五色神牛名气很大。闻太师的墨麒麟和黄天化的玉麒麟黑白分明，相映成趣。所有的坐骑全都十分得力。四圣坐骑后来隐而不现，它们是狴犴、狻猊、花斑豹、狰狞（三十八回）。“此物乃万兽朝苍之时，种种各别。龙生九种，色相不同”。大约在封神后，灵霄殿上哪能有坐骑。马一见它们，立即屁滚尿流，瘫倒在地，想来在弼马温掌管的天马马厩中也存放不下。狴犴（现代动物学家比定为驼鹿）却被旧中国法律界追崇，立于各地狱中，种族繁衍。狻猊则伴随狮子，刻成石雕，蹲在门前和墓道等处，也属于随处可见。有的动物学家指出，狻猊就是狮子的别名。中国本土不产狮子，对它缺乏认识。狻猊说不定就是没鬃毛的母狮子。

骑骆驼的最为特别，吕岳的金眼驼最著称，土行孙看了眼红，竟起了偷盗之心。火灵圣母也骑金眼驼，余元骑五云驼。这是北方丝绸之路上的代步工具。罗宣骑赤烟驹，根据《聊斋志异》中所说“马生骡，骡生驹”的杂交情况，也属于北方品种。再说，吕岳、罗宣等在必要时都可运动三百六十骨节，现出三头六臂，似乎来路相同。从陈援庵（垣）先生名作《火祆教入中国考》开始，就在讨论此类丝路来的宗教对中国的影响。最近，我读到刘海威先生《也论祆神与火神之融合》大文（载于《世界宗教研究》2012 年第 3 期），以《封神演义》为基点，也在讨论这个问题，可谓先获我心。上述几位从丝路来华中蜕变入籍，盖无疑义矣。

张奎的“独角乌烟兽”，其快如神，“五岳逢七杀”，五岳全让七煞神张奎给杀了。后来，《说唐》学习了这一项，创造出“呼雷豹”，略作变化，让程咬金把此兽的痒毛给拔了，但它在紧急时“两耳一竖，鼻子一张，大叫一声，放出一道黑气”，“阵中千万匹马一齐扑倒”。有声有色有味，真叫齐全，推陈出新，更加活泼。从而对比两书，可以看出，陆西星写书，以其“高道”身份，不免正襟危坐，不敢过于逗乐。下走以为，评书家很难说“封神”，一因其太正规了，不好找务头之处；二因此书本身情节过于紧凑，一带而过。就如张奎的坐骑，上场不久，未加铺叙，便已掉下头来。反观呼雷豹，连篇累牍地说，可有的说呢！听说最近拍摄戏说型《封神英雄榜》长篇电视剧，那是彻底改造。拿出姜子牙的前妻马氏来，大大地渲染夫妻恩爱。陆西星若是复活，肯定不认这笔账。不过，“封神”本身也是戏说，前有车后有辙，不合辙也无妨，各走各路可也。

“封神”虽是“戏说”，但系正襟危坐型，限制了本身的戏谑性质。全书中缺乏像程咬金、金头虎贾明以至莎士比亚剧本中福斯塔夫那种出色当行的丑角，评书家很难说得太热闹了。这是“封神”的一大弱点也。

“封神”中的妙想，更在于非生物的代步工具，如哪吒的风火轮，犹如当代的摩托；元始天尊的九龙沉香辇飞来椅，好似敞篷检阅汽车，还是自动化的，犹如当代正在研究中的无人驾驶飞行汽车。

摆阵

中国小说中，《封神演义》摆的阵势最多，而且有大有小，各式各样，花样百出。值得注意的是：诸多阵式，几乎全是截教摆的，让阐教来破。

最大的阵势当属万仙阵。这是带有总结封神意义的一处大阵势。此阵也是《封神演义》作者魄力的表现。万仙阵之组织结构，能在难以变化中追求变化并获成功，有算总账的气魄。持以与拙劣的模仿者《征西》相比，高下立判。别的阵势，各有特点特色，显现出作者阅历丰富、想象新奇、出人意料。这可是小说家的真本事。

破阵必先有牺牲者。源自出征时祭旗，乃古代祭祀牺牲中遗迹。

小说中总得安排几位倒霉蛋儿，阐教的黄龙真人就是一位。他常被生擒，有一次还点明是用“缚龙索”捆走的，挂在长杆上，还得师侄杨戬化成飞虫去救，实在塌台。与之相映成趣的是龟灵圣母，她总是不适当地强出头，结果堪悲。

其实，《封神演义》的“书胆”，最大的恐怕是哪吒。全书一百回，光为写哪吒出身，就用三回铺垫。他是唯一没有三魂七魄的，足踏风火轮，现三头六臂或八臂，本像则为敷粉脸，高富帅型。说书，说他最容易得彩。《西游记》里的哪吒，光彩可就差多啦！土行孙则为书中唯一能出彩的丑角，可惜只屈于小小的配角地位。

结构上的小问题和情节中的大问题

说结构，如走马灯一般，转得太快。一两阵就了却一次征伐或过关斩将。分兵三路取三关，都没收来几个“炮灰”。这可能是没有办法的事，因为要封的神太多，最后还是凑不够，只可在万仙阵中基本解决，后面还得陆续略作补充。

论情节，张苑峰先生早已指出，“三教签押封神榜”，是哪三教？姜子牙下山时，说是“阐教、截教、人道三等”，人道始终没有进一步交代。恐怕因为不敢明显提出后世公认的“儒释道三教”，因为，按时代，孔子尚未出生。

道教与佛教

道教从佛教处汲取了许多理论，或者说是概念，如：

“法宝”，乃佛家“佛法僧”三宝之一，指的是佛法，即佛说的经典，释迦牟尼佛入灭前明确指示：“以法为师。”中国神魔小说中的法宝可都是具体具象的器物，修行时用，战斗时更用为武器。例如，定海珠，从赵公明之手，被萧升、曹宝二人的“落宝金钱”（隐喻任何宝物均可用金钱收来）收去，转入燃灯道人囊中。燃灯道人明确点出：“此珠乃佛门之宝……此珠还是我等了道证果之珍……”明点燃灯是佛门中人。但是，赵公明用此宝打伤五位大仙时，书中（第四十七回）多出一句话：“此宝后来兴于释门，化为二十四诸天。”可就属于信口开河了。盖因二十诸天是中国宋代才由汉化佛教凑够的，后加四天明显带道教痕迹，二十四天又全都是带眷属的神，并非器物型法宝，如何化法？

总的说来，《封神演义》中对佛教很客气。表现为，许多阐教解决不了的事，靠佛教帮忙：例如，收孔宣。孔宣到西方，成为孔雀大明王菩萨。《西游记》中，释尊说，自己在雪山修行时，让孔雀吸入腹中。释尊破腹而出，认为“伤孔雀如伤我母”，封为孔雀大明王菩萨，乃是女性。后来道教经典中的太上元始天尊说《宝月光皇后圣母孔雀明王尊经》，采用女性说法。《西游记》中还说，大鹏是孔雀的弟弟，算是释尊的舅舅。“封神”中却说大鹏皈依燃灯道人。燃灯佛是释尊的授记老师，这样说于辈分也无大碍。不过，《封神演义》中让孔宣与大鹏在空中大战一场，把大鹏打下地来，似乎原来谁也不认识谁。好在全是神话，各说各的，不必深究。

但是，《封神演义》中也带有讽刺性地指出，佛教收恶人，剃度后即罪孽尽除。这一点，唐宋以降，实事求是地说，现实就是如此。例如，《水浒传》中鲁达出家后成了鲁智深，政府就不管他的前科了。但是，《封神演义》中法戒成正果后，后来化为祇陀太子，助兴佛法。佛家是不会采纳此种说法的。

《封神演义》中和西方有缘者，几乎出身和历史档案全有问题。有的本是吃人的，如一气仙马元；法戒是招魂的；乌云仙是一条鳌鱼，《西游记》中，大雄宝殿内倒座观音足踏的便是。

《封神演义》中，胡乱改造佛门，有点“糟改”：长耳定光仙，影射定光佛，亦即燃灯佛，与燃灯道人一化为二，还长出长长的耳朵，躲在席篷之下，叛徒一个！太不尊敬佛爷了。惧留孙（Krakucchanda），即“过去七佛”中的第四佛的不确切音译，竟然屈尊为十二大弟子之一。“毗卢遮那佛”是佛教密宗最高级的佛，“三身佛”内居于正中。“封神”中却说他是截教的“毗卢仙”，万仙阵中归于西方教主的，把毗卢遮那佛的身份也贬得太低了。反派遣到西方的哼哈二将、四大天王、三大士，更是爱怎么编就怎么编。

还不敢公然叱名释迦牟尼佛，以免过分招事。也不敢公然提名阿弥陀佛，遮遮掩掩，只提出“接引道人”（影射阿弥陀佛）、“准提道人”（影射佛教密宗的“六观音”之中的“准提观音”）。而且，隐隐约约地把准提道人放在第一线，许多事全让准提来办。这也与书中的时代有关。张苑峰先生早已指出，佛教传入中国始于东汉末期，作者知道“千年之后有沙门”。

从《封神演义》中能明显看出，道家从佛教处暗中学习：日本学者镰田茂雄先生《道藏内佛教思想资料集成》一书，大量引用。请有兴趣的读者自行观览。我们在此仅仅指出一些观念、概念的囫囵吞枣式生吞活剥的改造：

劫，劫数，这是古代南亚次大陆古老神话中的时间概念，屡经变化。劫，梵语 kalpa，音译“劫波”，意译“时，大时”，简略译作“劫”。原为古老的吠陀教、婆罗门教的极大时限的计时单位。佛教继承之，并有所发展，将劫分成大中小三劫，中劫之中定有三灾：刀兵灾，疾疫灾，饥馑灾。《封神演义》中附会成姜子牙“七死三灾”之说，诚为汉语修辞格之巧妙移用。

“地水火风”乃古代南亚次大陆神话中物质基本构成的学说，佛教自吠陀、婆罗门系统传承而来，道教取而改进。例如，《道法会元》中的“雷说”云：“夫人也，地水火风假合四大。”《道门经法相承次序》卷上云：“何为名四大？一者地大，为人骨肉；二者水大，为人血脉；三者火大，为人温暖；四者风大，为人冷气。”扩大来说，就是世界的构成。通天教主于万仙阵战败后，要“再立地水火风”，想要换了一个世界，根据就在于此。这样的标签到处粘贴，连万仞车之车上全写上。那不过是小儿童玩的纸质小风车的想象中无限扩大而已。“风吼阵”的风，也贴上标签：“地水火风之风。”

佛教有什么，道家也要有。往玉帝驾前派：凌霄殿四将，还有四灵官等等。肉身成圣的七位，除韦护（影射佛教的韦陀）外，全归玉帝管辖重用。《西游记》中，杨戬还成了玉帝的外甥，仙女即玉帝的妹妹三仙姑私奔下凡所生，这是他的新履历，经孙大圣口中揭露。

反派遣，胡往上安：十二大弟子中的“三大士”，即观音、文殊、普贤，连徽号全没有换。“惧留孙”，公开说明：“后入释成佛。”实际上，按佛教的本源性说法，惧留孙是“过去七佛”中的第四佛。“长耳定光仙”乃“定光佛”之影射，与“燃灯道人”实为一佛，是给释迦牟尼佛在其前生授记（在释迦则为受记）的“定光佛”亦即“竖三世佛”中的燃灯佛（锭光佛），他是释迦牟尼佛的老师，身边一切光明如灯。这一套乱点，在《封神演义》中不断出现，甚至影响到成都“青羊宫”的雕塑安排。

《封神演义》反映出的作者学识水平

《封神演义》的作者陆西星的学问面甚广，三教九流无所不知。

从其涉及面来看，当时的各种各样的学术与生活的方方面面可说都牵涉到了，他几乎是那个时代的百科全书。这一点，与几乎同时代的《三国演义》《水浒传》相比，涉及面要宽广多多，还可举出一些小小的涉笔成趣之处：

应用气象学：姜子牙岐山冻冰生擒鲁雄，截教摆“寒冰阵”。

太阳神针可引发当代“激光”的遐想。

对保护色有认识：雷震子面蓝，身上又是水合色，故此与山色交加，文王几乎看不见他。这一点，直到后来的清军，毫无认识，胸口缀一个大大的“勇”字，便于鬼子洋枪瞄准。

火攻（罗宣）与水淹（灵鹫），这一点不如《三国演义》《水浒传》之实战性强，可是也提到了。

生物战：用天敌克治，神鹰吞吃蜈蜂。

还可指出，从现代修辞学角度看，陆西星在各个方面，几乎使用了全套“修辞格”。请有兴趣的读者自行参与探讨吧。

留下的问题：

“红花白藕青荷叶，三教原来是一家”。截教与阐教，只有二教，还有一教，说是“人道”，可书中未作铺叙，这是个问题。

截教和阐教，都是从事神仙修行的教门，同出鸿钧道人门下，教主乃师兄弟。从后世中国宗教的分类看，此二教均属道教。只不过阐教只收修行的有缘之士，截教各种动植物加上矿物成精者一概全收，如石矶娘娘是一块顽石（隐喻顽固不化），龟灵圣母是母乌龟（当代的航空母舰或核潜艇似之？）。不过，严格地说，截教中的人往往被动应付局面，被阐教的人一个个干掉。这是一种宗教内部两派的冲突，历史是由胜利者书写的。陆西星这样写，总得有点历史的影子。笔者是宗教史的外行，隐隐约约地总感觉，宋元明之际，道教内部定有庞大的历时相当长的内斗。如果有研究者循此线索梳理，也许能有所发现。张苑峰先生说，“截教”的截，就是割尾巴。正当知识分子割资产阶级思想尾巴的运动之后，提倡实事求是之时，乃是老先生的戏言，带有些微感慨。

“封神”中只讲天命，不讲道理。武王洪福齐天，书中写的是个窝囊废，军中五年，连“鼓进金退”全不懂，老让姜子牙作弄。周军中遇大敌，如罗宣之类，玉虚门下往往一拥齐上，这一点是后来的武侠小说讲究“单打独斗”者所不齿的。

“封神”中早就懂得“区别对待”，投降过来的，如黄飞虎、邓九公、邓婵玉、土行孙、洪锦、苏护、郑伦等等，档案上总有污点，一律死于疆场，死后封神。自己人确保无虞，肉身成圣者七位。

余 论

中国人发明了火药，主要供文娱之用。后来制造炮弹，有几成带被动性质。不安静的北方边塞，东部海岸线上的骚扰，促使皇朝整军经武。但只要外夷臣服，中土马上就歌舞升平，重文轻武。防备自家人弄兵潢池的心思远大于其他。近代西洋鬼子的科幻题材，如凡尔纳的潜水艇、火箭探月，他们的后辈一一实现。《封神演义》可谓集中国式科幻之大成，若往前探一探，可供科学家参考之处极多。哪吒的风火轮，在横排的两轮马车基础上幻化而来，始终没有往前后直排的自行车上想。翻天印相当于导弹，也只限于把航母载体的龟灵圣母压出原形，最后还是西方的相当于小型战机的蚊子蜂拥而来将其消灭了。进一步说，《武王伐纣平话》中已见千里眼、顺风耳，《封神演义》变化继承。至少在明代，已有挖坑埋缸聚音听音的设备；望远镜却是西洋人的发明，中国人在话本中用来偷窥对面楼上女郎洗澡。

以上略举引发无限遐想的科幻题材。明代较之清代，思想活跃，而且造出红衣（红夷）大炮（《清史稿》中称为“西洋炮”），把清军的主帅、清太祖努尔哈齐（据《清史稿》，不作“赤”）都给打伤至死了。可惜清代思想禁锢，总以为天朝什么都有，不思进取。等到鬼子炮舰叩关，梦醒晚矣。我们读小说，亦应以此为鉴。讲点玄妙的无妨，脑筋要从科幻往科学创造上去引，去想。这是从科幻的角度去认识“封神”。张苑峰先生就提出过：“可以当作科学幻想小说读。细菌战、化学战等等。”

（作者单位：北京大学信息管理系）

紫石斋说瓠（四）

漆永祥

一六、大题、小题及截搭题

今日高考作文命题，有所谓命题作文、半命题作文、材料作文、新材料作文、话题作文等。近年来以材料作文居多，而命题作文罕见，即以甲午（2014）全国新课标卷与各省卷十八套试题之作文题目为例，亦皆材料作文也。何则？因命题作文易脱题，而材料作文考生依稀仿佛即可成文故也。

明清科举考试，抄撮拟卷，蔚为风气。故考官命题，考生押题，皆费尽心力，猫与老鼠，掐对互捉，乐此不疲。考官出题有所谓大题、小题、截搭题之分。然乡、会试之拟题，事关国家抡才大典，不可儿戏，故仍多出大题；而县、府试之小考，则千百十样，纤佻琐碎之小题居多焉。有所谓连章题（两章或三四章合题）、全章题、数节题（每章内之数节）、一节题、数句题（每章或每节内择取数句）、单句题、两扇三四五扇题（章节中之排句），以上皆属大题。若截上题、截下题、承上题、承上冒下题、半面题、上全下偏题、上偏下全题、上下俱偏题，更有一题而兼两名，如截上兼下全、截下兼上全等，此类皆属小题。截搭题又分长搭、短搭、有情搭、无情搭、隔章搭诸体，最为奇葩矣。

因此之故，官方学宫，民间坊本，“高头讲章”与“新科利器”，所在多有，亦如今时之某某年《优秀高考作文选》也。清雍正时王客周编纂之《狐白全集》，所列各类题型最为详尽，且尤重截搭题焉。其《狐白前集序》曰：

[子]

制艺一道，以理为主，气以行之，文不切理，虽有惊人奇句，无当圣贤之旨。然理是矣，而无大气举之，谈理亦不快意。至于理真气足，根本已得，而文犹不工，何也？无法以运之故也。法者，题中天然之度，如匠师之绳尺，乐师之律吕，行军用兵之行伍阵势也。题不一题，法亦不一法。故有单句题，即有走窄路之法；有枯窘题，即有走阔路之法；有截上题，即有不粘不脱之法；有截下题，即有神行官止之法；有截上下题，即有纳上吸下之法。他如虚冒题、过脉题、结上题，以及记叙、比兴、援引等题，莫不各有一天然之度，为作文之准则，学者规抚摹仿，久久纯熟，无意之中，自中节度，法果可废乎！

王氏书前《要诀》，先讲相题、对股、取势诸法，可谓综论；此下即分题论作法及集评。如《前集》所举有：单题（其所举范文甚多，题目如“敬事而信 一句”等，下皆同，仅举一例，不再加引号），反揭题（子曰由知 一句）、枯窘题（足 一字）；全章长题（孟子之平 全章）、长题（使子路问 不辍）、截上题（不亦说乎 一句）、虚字冠首截上题（而非邦也 一句）、截下题（举一隅 一句）、虚字冠首截下题（君子未有 一句）、截上下题（未之能行 一句）、虚字冠首截上下（虽不中 一句）、关顿题（一则以喜 一句）、顿跌题（今也纯俭 从众）、虚冒题（泰伯其可 一句）、过脉题（七十者衣 二句）、结上题（此之谓民 一句）、偏举题（为之者疾 二句）、移步换形题（汤有天下 一段）、立案题（孟子居邻 一节）、记事题（子路率尔 一句）、叙事题（我对曰无 一句）、原叙题（宫之奇谏 一句）、援引题（节彼南山 一句）、托兴题（王知夫苗 御之）、比喻题（苗而不秀 全章）、攻辨题（子欲手援 一句）等。

其《后集》以诸家选本，多不讲截搭题，故专论截搭十四法。其曰：

截上题，要我补上意，又要撇清上意；截下题，不可置却下意，又不可犯着下意。若割截上下成搭者，则又不同。其发上截，但重其关合下句，而找补上句在所轻；其发下截，但重在绾合上句，而舍留下文亦在所轻。

其所举有截搭题（不亦乐乎 不愠），此中又分全下偏（切切偲偲 偲偲）、上偏下全（不为酒困 我哉）、上尾下首（为臣不易 难矣）、上下偏中间全（知天地之 其仁）等；而长搭题（与朋友共 信之）又分为隔章长搭（孔子行齐凤兮）、一处相搭（不思而得 措也）、首尾俱截长搭（不思而得 思之）、横担搭题（子欲往乎 欲往）、无情搭题（有盛馔必 迅雷）、典制搭题（始可与言 言之）、先问后答先答后问一种（求之与抑得之）、上轻下重搭题（岂不尔思 思也）、搭题变格文（冉子与之 九百）等。凡王氏所列，古人与此，的的分明；而今人读之，昏昏不知其所以然矣。

截搭题如"大学之道天命之谓性学而时习之孟子见梁惠王"，此题合《大学》、《中庸》、《论语》、《孟子》诸书第一句为题。又乾隆朝彭元瑞督学江苏，有提调官王姓，雅号"王二麻子"，适考四学，遂出"王二麻子"四题（王何必曰利，二吾犹不足，麻缕丝絮，子男同一位，皆出《孟子》）。一日考四学，出"洋洋乎（《中庸》），又洋洋乎（《中庸》），又洋洋乎（《论语·泰伯》）"，即欲退堂早膳，学官禀曰："尚少一题。"彭沉吟曰："少则洋洋焉。"（《孟子·万章上》）堂下诸生，莫不掩口而笑。（清钱泳《履园丛话》卷二一）

明叶盛《水东日记》卷一："永乐中，俞行之试'记里鼓'。正统中，冯益试'事道'，皆不知所谓，莫能措一词。所谓'名浮于实，君子弗贵'者欤。"按"事道"见《孟子·万章下》："'然则孔子之仕也，非事道与？'曰：'事道也。'"而"记里鼓"见于《隋书·元岩传》，而不见于经书。

又清赵慎畛《榆巢杂识》卷上："赵石源前辈之'毛毛草草'，则未免割裂矣。翁覃溪阁学在粤东，亦曾以'大草'二字命题，终涉乖僻。"按《中庸》载逸诗曰："德輶如毛，毛犹有伦。"又《诗经·小雅·巷伯》："骄人好好，劳人草草。"所谓"毛毛草草"者，殆即此欤？至于"大草"则遍寻经籍而不见矣。

又鲍桂星督学中州，出题割裂，有刻薄子逐题作诗嘲之，盛传于时。如《咏七十里子》云：

没头没脚信难题，七十提封一望迷。
阿伯不知何处去，剩将一子独孤栖。

《咏宝珠》云：

拣取明珠玉任沈，依然一半是贪心。

旁人不晓题何处，都向红楼梦里寻。（《清稗类钞·讥讽类》）

按《礼记·王制》：“天子之田方千里，公侯田方百里，伯七十里，子、男五十里。”此“七十里子”即从此截搭也。又《孟子·尽心下》：“宝珠玉者，殃必及身。”此割裂“宝珠”二字为题也。《红楼梦》中秦可卿之丫环，亦名“宝珠”，故诗语如此也。

又题目之难易，直接关乎士子之能否获售。乾隆癸卯科，浙江乡试，首题“逸民伯夷、叔齐、虞仲、夷逸、朱张、柳下惠、少连”，获售者鲜登第，时称“逸民榜”。嘉庆癸酉科题“刚毅木讷近仁”，所取文皆恬静之作，登第者绝少，时称“哑榜”。丙子科题“夫达也者，质直而好义，察言而观色，虑以下人”，所取文皆动宕发皇，登第者多，时称“响榜”。（清陆以湉《冷庐杂识》卷一）

此类割裂截搭之题，苛碎生僻，无从下手。故明丘濬《大学衍义补》即谓“近年初出题，往往强截句读，破碎经义，于所不当连而连，不当断而断，而提学宪臣之小试尤为琐碎”。清季陈澧《东塾读书记》有《科场议》曰：

文章之弊，至时文而极；时文之弊，至今日而极。士子应试者无又或不自为文，而剿袭旧文；试官患之，乃割裂经书以出题，于是题不成题，文不成文。故朱子谓“时文为经学之贼，文字之妖”。其割裂出题，则经学贼中之贼，文字妖中之妖也。

又清人龚炜撰书其落第卷后联曰：

廿年制义，抛却半生有用工夫；

三黜乡闱，落得九册无名败纸。（清龚炜《巢林笔谈》卷三）

八股文本不过文之一体，本无所谓是非。然为后人万夫所指，痛责其祸国误人而饱受诟病者，殆即此类之谓欤！

一七、夹带与关节

今日自小学至高等院校，学生作业与考试作弊，屡见不鲜，亦屡禁不止，即巍巍上庠如北大者亦然。而作弊手段，亦层出不穷。高考作弊甚有事先埋耳麦于耳中，场外发声波揭示答案者。然除电光声光之方式外，凡今学子所用之法，古人皆已尽之。若怀挟夹带、枪手替换、贿买考官、场中埋题、场外飞马、偷换试卷、考篮鞋垫、皮裳亵衣等，无不为怀挟之地，甚有信鸽传递文字者，亦相当于今日电波传语矣。

旧题明周复浚《泾林杂记》载，明人作弊，有“隔年募善书者，蝇头书金箔纸上，每千篇厚不及寸；或置笔管，或砚底，更有半空水注夹底草鞋之类；又或用药汁书于青布衣袴，壁泥之，拂拭则字立见。名曰‘文场备用’”。此可知明代夹带之风隆盛，亦可谓当时之高科技矣。

清代科举考试，功令甚严，大小一切考试，皆不许夹带片纸只字。会试士子计无所出，乃将文字抄成小本，缝衣裘中，遂有皮衣去面、毡衣去里之例。然会试在三月，时犹严寒，士子著裘者入场时，悉去其面，一色皆白，犹如群羊之入圈中，斯文为之扫地。至乾隆十年（1745），方除皮衣去面之例。乾隆九年顺天乡试前，高宗以怀挟拟题之风日甚，思惩之，命亲王大臣严立搜检之法，得一人者赐军役一金。士子褫及亵衣，贡院内外，枷杻相属，比日晡，受卷入场者寥寥也。时士子多退归寓舍，将就寝矣，忽传一体放进，钦命题下，曳白者乃至二千余人，下诏切责，并裁减各省中额有差。道、咸前大小科场，有至解衣脱履者。同治以后，禁网渐宽，搜检不甚深究，于是诈伪百出。入场者，辄以石印小本书济之，或写蝇头书，私藏于果饼及衣带中，并以所携考篮酒鼈与研之属，皆为夹底而藏之，甚至有帽顶两层鞾底双屜者，更或贿嘱皂隶，冀免搜检（《清稗类钞·考试类》）。此中花样繁多，可谓无所不用其极矣。

又清陆以湉《冷庐杂记》卷八载，“浙人乡试，每以金贻誊录手之善书者，潜递关节，属其誊卷珠色鲜明，字画光整，易动阅者之目。亦有已获科名者，贪得厚利，冒应是役，甚至私携墨笔，点窜试文，中隽则可得重酬。此风始自绍兴人，沿及诸郡。道光丙午秋试，士子一万一千余人，其不购誊录者只三千余卷，仅得售三人。盖以字迹潦草，校文者以辨识为苦，辄屏弃不观也”。此则几等同于枪替也。

小本夹书始于宋时，明时盛行巾箱本，多为考场夹带之用。清时坊间所刊尤多，有小如火柴盒大小者，入场时衬垫于鞋底夹层中。巾箱小本，率多讹字。道光庚戌年考试教习，诗题“山雨欲来风满楼”得“阳”字，乃许浑《咸阳城东楼》诗句也。小本书刊“咸”作“戊”，沿其讹而被黜者百余人（《冷庐杂识》卷六）。此与宋时麻沙本“坤为釜”之误，可谓绝配矣。

又今日各类考试，禁考生用两种以上颜色笔迹答题，亦不许题写考生姓名及诸种暗号之类，此亦沿之古法也。以关节进者，明季已然，至清初尤甚。顺治甲午（1654）一榜，无不以关节得幸。至丁酉（1657），辇金载宝，辐辏都下，于是蜚语上闻，遂成科场大狱。自是稍稍敛迹，然亦未能绝矣。清代考官之于士子，先期约定符号，于试时标明卷中，谓之“关节”，亦曰“关目”。大小试皆有之，京师尤甚。每届科场，送关节者纷纷皆是。或书数虚字，或“也欤”、或“也哉”、或“也矣”，于诗下加一墨圈者银一百两，加一黄圈者金一百两。凡进士之朝殿试及京官之考试，预揣某官可派阅卷，则先呈字体，以备别认。即写前四句飞递朝房中所曾托情之人，谓之“送诗片”（《清稗类钞·考试类》）。

如某科诗题为“所宝惟贤”，某卷以“水烟袋”三字散见于点题中，以为关节。句曰“烟水潇潇地，人才夹袋储”（《清稗类钞·考试类》）。可谓凑泊无痕。又嘉庆时福建乡试，题为“才难不其然乎？唐虞之际，于斯为盛”。解元郑兼才破题云：“才兼二代，圣人郑重于其际焉。”明是关节。是科主闽试者，为莫宝晋，兼才本名士，为其旧交也。然有如此才情之关节，录取亦无不可也。

又阮元为学政时，搜出夹带，必自加细阅，如系亲手所抄，略有条理者，即予入学，如倩人抄录，概为陈文者，照例罪斥。

今大学生试卷或作业，多从网络翻抄，若从数篇摘抄，错综点窜而加工成文者，教授往往贵手高抬，允其合格；若仅下载一篇，只隐去作者姓名径改为己名以充数者，即以零分计。此殆亦阮氏之法也。

（作者单位：北京大学中文系）

王羲之书风论要（二）

李举创

“遒媚”论

魏晋士人，本有风流之质。而所谓人文之自觉者，实有为酷政所摄，不得不然者也。故嵇志远疏，世有闻笛之赋；阮心明哲，人传咏志之诗。

寄志于社稷苍生者，王逸少有之。《晋书·王羲之传》虽云“素自无廊庙志”，然观其“虚谈废务，浮文妨要”（《世说新语·言语》）之言，则儒者情怀，跃然目前。

职本治政，或四海陆沉；业非辩言，每三玄意寄。然特立独行之志，欲盖而弥彰。物极必反，此恒道也。

《世说新语·品鉴》：“桓公少与殷侯齐名，常有竞心。桓问殷：‘卿何如我？’殷云：‘我与我周旋久，宁作我。’”

厥时九品中正之体大行，聚众清谈之风尤烈。人格藻鉴，每创新语；文艺赏评，独开风气。

“骨”、“意”、“韵”、“遒”、“媚”之词出，中华美学之心著。

（参徐复观《中国艺术精神》）《古画品录》、《诗品》、《文心雕龙》乃至《昭明文选》之成，莫不以此奠基。钟元常“用笔”与“流美”之论（〔宋〕陈思《书苑菁华》卷首载元常之言曰“用笔者天也，流美者地也”；〔元〕刘有定《衍极注》载曰“笔迹者界也，流美者人也”。）、王平南“积学致远”之思（见《〈孔子十弟子图〉画赞》，〔唐〕张彦远《历代名画记》卷五。）、王右军尚“意”之旨，亦莫不勃兴于此时。

逸少自为“品藻中人”。餐玉露，步琼林，服食养性，每有一派清遒飘逸、神儁轩昂之态。人书不二。

《世说新语·赏誉》：“王右军道谢万石：‘在林泽中，为自遒上。’叹林公：‘器朗神俊。’道祖士少：‘风领毛骨，恐没世不复见如此人。’道刘真长：‘标云柯而不扶疏’。”

又“王右军目陈玄伯：‘垒块有正骨。’”“王右军道东阳：‘我家阿林（按当作‘临’），章清太出。”

《世说新语·容止》：“时人目王羲之：‘飘若浮云，矫若惊龙。’”

按逸少自有朗拔超逸之态，然终其一生处于仕隐矛盾之中。虽告灵不仕，情尽山水，内心并未自兹快意。观《全晋文》所收逸少书信，“摧剥”、“贯心”之痛、“奈何”、“惋塞”之叹，满纸呜咽。而服食迟散，常患“中冷”之病，每有“劣劣”、“委烦”、“顿乏”、“未佳”之感。今略举数则：

王羲之《得示帖》墨迹：“得示，知足下犹未佳，耿耿。吾亦劣劣。明，日出乃行，不欲触雾故也。迟散。王羲之顿首。”

（唐）张彦远《右军书记》（《法书要录》卷十）：“吾服食久，尤为劣劣。”又“服食故不可乃将冷药，仆即复是中之者。肠胃中一冷，不可如何。”又“想得此凉日佳，患散乃委烦，耿耿。”又“吾昨频哀感，便欲不自胜举。旦服散行之，益顿乏。”又“二十九日羲之报……昨紫石散未佳……吾比日极不快，不得眠，食殊顿。”

盖其人虽斥“一死生”、“齐彭殇”为“虚诞”、“妄作”，而寄望于服食修道；欲求超拔洒脱之境，而内心有深沉痛贯之苦。《晋书》本传于此等细处皆未载。然品人鉴书，此点所关非小。

昔人每以“遒媚”论右军书，可谓恰切。

（清）翁振翼《论书近言》：“右军书，‘遒媚’二字尽之。”

按历代每以“遒”、“媚”、“遒劲”、“遒媚”论书。略举数处：

（传）卫铄《卫夫人书稽首和南帖》：“卫有一弟子王逸少……字体遒媚。”

（南朝宋）羊欣《采古来能书人名》：“王献之……骨势不及父，而媚趣过之。”

（南齐）王僧虔《论书》：“郗超草书，亚于二王。紧媚过其父，骨力不及也。”

（梁）虞龢《论书表》：“（王羲之）末年遒美。”“笔迹流怿，宛转妍媚。”

（唐）何延之《兰亭记》云：“（《兰亭帖》）用蚕茧纸、鼠须笔，遒媚劲健，绝代更无。”

（唐）张怀瓘《书议》：“逸少笔迹遒润。”

（唐）张怀瓘《书断》：“子敬最为遒拔。”“王逸少……韵媚宛转。”“（褚遂良）祖述右军，真书甚得其媚趣。”又《唐朝叙书录》：“褚遂良下笔遒劲，甚得王逸少之体。”

“笔力遒劲，为一时之绝。”

（清）王澍《竹云题跋·兰亭二十种之神龙本》引郭天锡跋语云：“字法遒逸，墨彩艳发，奇丽超绝，洞心骇目。”“遒媚”几成王字定评。

今欲知“遒媚”之义，不得不分而析之，以探究竟。

“遒”，初用于人伦鉴识；

如曹丕《与吴质书》："公幹有逸气，但未遒耳。"

转施于赏文论艺。

如《南史·袁淑传》："文采遒艳，纵横有才辩。"《北史·祖班传》："神情机警，词藻遒逸。"微直"遒"之演进如此，"骨"、"韵"、"气"、"神"之伦皆然，此难一一。

然"遒"字竟何谓？王叔师之解《九辩》，略泄天机。

"遒"，《说文》作"逎"，别作"遒"，训"迫也"，从辵，酉（酋）声。按"遒（逎）"与"趥"、"蹭"、"揂"通。"辵"、"走"、"足"、"手"均有动作义。《说文》："趥，行皃。""揂，聚也。"段玉裁注："按《传》（引者按：指《毛传》。）谓此'遒'为'揂'之叚借字。"《集韵》："蹭，徒行也"。"遒"、"趥"、"蹭"、"揂"均不见于甲骨文。《书·胤征》："每岁孟春，遒人以木铎徇于路。"《左传·襄公十四年》："故《夏书》曰：'遒人以木铎徇于路。'"杜预注："遒人，行人之官也。"朱骏声以为"遒人"即"趥人"，即巡行宣布政令之人，其说可从。

宋玉《九辩》："岁忽忽而遒尽兮，恐余寿之弗将。"王逸注云："言年岁逝往之若流也。"此处"遒"字若训"迫"，则与"尽"犯复。当与"行皃"义通，具动作性。

盖"遒"者若江流也。倚天地之方圆，健行浩宕；纳星河之映像，坤势融明。而非恣肆横冲、人或为鱼者也。"遒"之内在生命存焉。此其一也。
又"遒"者，聚也，固也。聚则密，密则固，固则紧。

《诗·商颂·长发》："不竞不絿，不刚不柔。敷政优优，百禄是遒。"毛《传》："遒，聚也。"

《诗·豳风·破斧》："周公东征，四国是遒。"毛《传》："遒，固也。”孔《疏》：“遒，训为聚，亦坚固之义，故为固也。”

（唐）窦蒙《述书赋语例字格》：“团合密致曰紧。”

故知书艺之“遒”，乃专气致柔，团合间气；警拔振作，骨力完足之谓也。“遒”乃“紧”、“骨”之复合。“紧”，专气也；“骨”，专力也。“紧”、“骨”相济（亦即“遒”义），方臻妙境。此其二也。

（南齐）王僧虔《论书》：“郗超草书，亚于二王。紧媚过其父，骨力不及也。”

致“遒”之方，要在乎“气”。文以气为主，书亦如此。

《孟子·公孙丑上》：“（公孙丑问孟子）‘敢问何谓浩然之气？’（孟子）曰：‘难言也。其为气也，至大至刚，以直养而无害，则塞于天地之间。’”

（魏）曹丕《典论·论文》：“盖文章，经国之大业，不朽之盛事也。”儒者之艺为人生（广义，含政治、社会等），此“经国大业”之语所从出也。子桓之借重文章以论经国，时使之然也。其或已度“文学”一科，宜当独立之势。然此其与“为艺术而艺术”，毕竟有别耳。

“气”之要，在于一“活”字；“遒”之要，主于一“和”字。行笔之时，“气”须无过，亦不能弱。线条之“遒”，非锋棱特出、结穴如凿之谓也，乃存乎行笔之间、运腕之际，以“中和”之气化提按、徐急、紧缓、轻重之力，快而能收，纵而有则，斯可谓“活”矣。此其三也。

右军之书，三义兼美。情若流，书如志，刚柔相济，气脉贯通，不激不厉，风规自远。“绝逸”而“规矩”，“放纵”而“内擫”：中和之道，右军得之。

（南齐）王僧虔《论书》：“孔琳之书，天然绝逸，极有笔力，规矩恐在羊欣后。”又“孔琳之书，放纵快利，笔道流便，二王后略无其比。”

沈尹默《二王法书管窥》：“大凡笔致紧敛，是内擫所成；反是，必然是外拓。后人用内擫外拓来区别二王书迹，很有道理。说大王是内擫，小王则是外拓。试观大王之书，刚健中正，流美而静；小王之书，刚用柔显，华而实增。……内擫是骨（骨气）胜之书，外拓是筋（筋力）胜之书。”

《礼记·中庸》：“喜、怒、哀、乐之未发，谓之中。发而皆中节，谓之和。中也者，天下之大本也。和也者，天下之达道也。致中和，天地位焉，万物育焉。”“中”乃处事之总纲，“和”乃成事之极则。“和”，恰到好处之义，所谓“礼之用，和为贵”。右军之书，布局、节奏、空间等艺术因素，均恰到好处，孙虔礼《书谱》所谓“志气和平，不激不厉，而风规自远”，姜白石《续书谱》所谓“增一分太长，亏一分太短”是也。昔者或以为右军之书乃昭彰儒家敦厚之教、广大之德者，实未必然。书法并无意识形态性，特宣泄情感之特殊工具耳。然其自身则苞无穷之奥，微直言可尽、语可表已也。世人之论，以为“遒”者，苍劲之谓也；“媚”者，姿媚之谓也。然则恐辜负右军，亦辜负古今之书论者也。

又梁武帝《古今书人优劣评》（见《法书要录》卷三）评王字云：“字势雄强，如龙跳天门，虎卧凤阙。”其时书风皆尚子敬，武帝之论，有欲为扭转之义。吾国古来书论，多有捋撦之病。即如“龙跳”、“虎卧”之语，又见梁袁昂《古今书评》：“萧思话书……若龙跳天门，虎卧凤阁。”然所评已非王字。又多用比喻，时有玄妙莫测之感。米芾《海岳名言》云：“历观前贤论书，征引迂远，比况奇巧，如‘龙跳天门，虎卧凤阁’是何等语！或遣辞求工，去法愈远，无益学者。”沙孟海（见《沙孟海论书丛稿》）：“此条见米老识见之卓绝。历代相传古人论书之作，多属欺人之谈，征引比况，故弄玄虚，不可尽信。孙过庭《书谱》说：‘诸家势评，多涉浮华，莫不外状其形，内迷其理。今之所撰，亦无取焉。’孙氏已指出其非，米老识见更进一步。”所可云者，虔礼虽“亦无取焉”，其《书谱》却亦有此病，已为后人所诟。可见风气影响之深。盖因艺事唯堪神会，难以言传，亦未可苛求也。“龙跳”、“虎卧”之语，尚属可解，特言王字“遒美”，无论动静耳。

（唐）张怀瓘《书断·王羲之》载：“晋（武）帝时祭北郊，更祝版，工人削之，入木三分。”祝版为右军书，竟“入木三分”。夫笔之行也，特平面之运动，断无“入木”之理。此或小说家夸张之法。行笔之要在腕力之“和”，而非臂力之强。否则项羽有扛鼎之力，何云“学书不成”（《史记·项羽本纪》）！化单薄之平面感，而为浑圆之立体感，此正“遒”之为用也，而右军得之。“入木三分”者，特状其艺境，未可以实论之。

右军书作之“遒”，相较而弥彰。虽伯英之书，寥而难信；元常之迹，杂而失真。《终年》《欲归》，伯高之意著；《白骑》《常患》，逸少之风表。

按张伯英书迹，传而至今者，仅《淳化阁帖》所收五纸三十八行：《冠军帖》《今欲归帖》《终年帖》《秋凉平善帖》《二月八日帖》。而《终年帖》《今欲归帖》之属，流利宛转，一泻千里，殊乖其时，多似张伯高之笔。

钟元常书迹，传而至今者，不过十种：《荐季直表》《贺捷表》《力命表》《宣示表》《白骑帖》《常患帖》《雪寒帖》《长风帖》《还示帖》《墓田丙舍帖》。（参王玉池：《钟繇》）而《宣示表》、《还示帖》、《墓田丙舍帖》新变有余，古厚不足，论者以为王逸少所临。《白骑帖》、《常患帖》、《雪寒帖》、《长风帖》姿媚有余，雅重不足，抑亦逸少所为乎！最可信者唯《荐季直表》（王壮弘藏墨迹照片或宋拓本）与《贺捷表》耳。

然窥以《冠军》，雄而未健；察夫《荐表》，厚而难遒。或为摹刻故也。而大辂椎轮，启诱孔多。至于名士真迹，则士衡《平复》（图一），墨皇古翠；

启功《论书绝句》（其二）：“翠墨黟然发古光，金题锦帙照琳琅。十年校遍流沙简，平复无惭署墨皇。”

元琳《伯远》（图二），茧纸风流。枯涩连结之体势，清癯舒张之骨韵，笔底波澜，道夫先路。若夫楼兰之书，质木无文，军中帐下，每多草率。或偶有精处，方之逸少，又弗如远甚。来许吴兴赵子昂，遍临王字，最乏骨力，非右军之貌。

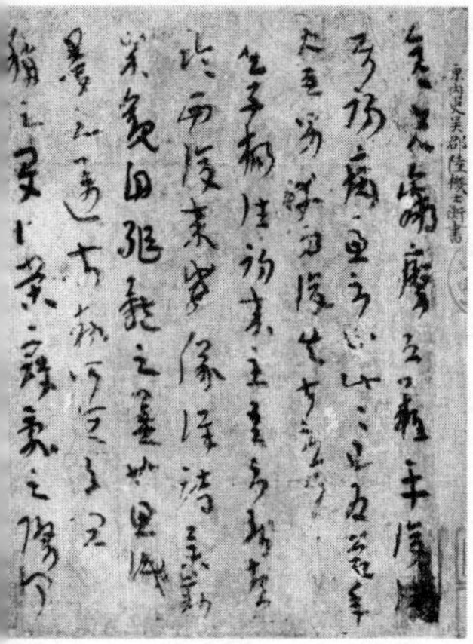

图一

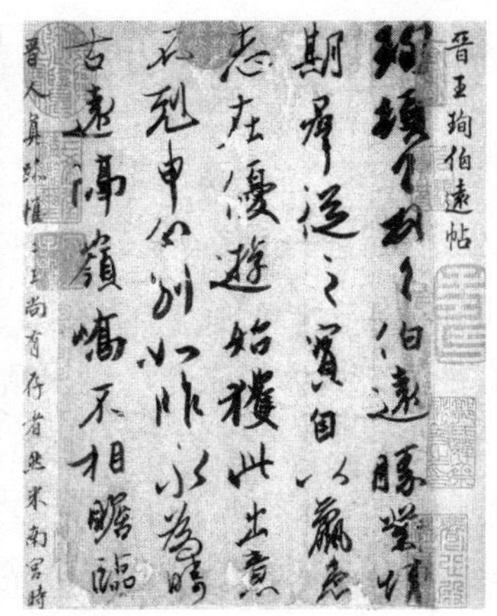

图二

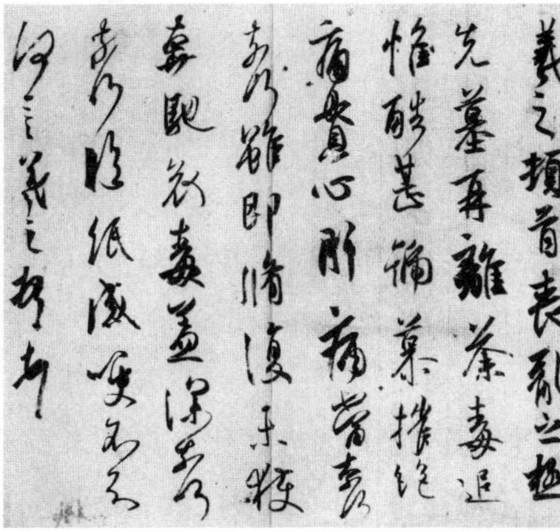

图三

启功《论书绝句》（八五）自注云：“昔人以‘雄强’评右军书，而右军又为韩退之讥为‘姿媚’。然则雄强固非剑拔弩张之谓，而姿媚亦非龋齿慵妆之谓也。右军往矣，宗风所振，后世书人，得其一体，即足成家。究之能得姿媚者多，能得雄强者少也。”

《丧乱》一纸（图三），王书之至“遒”者也，钩摹最精。汉魏摩崖之浑厚灵动，与夫王氏新体之流美精妍，混而一体，跃然纸上。“气”之充实贯通、“力”之均衡使转、“骨”之雄强特出，真“魏晋风度”也。其形态风神，庶为右军“末年遒美”书体之真面。

（梁）虞龢《论书表》：“羲之为会稽，献之为吴兴，故三吴之近地，偏多遗迹也。又是末年遒美之时，中世宗室诸王尚多，素嗤贵游，不甚爱好，朝廷亦不搜求……”

《丧乱帖》书成之时代，诸说不一，然晚岁之作，可以无疑。日人、韩玉涛、刘涛均以为作于永和十二年（356），王玉池倾向于永和七年（351，亦不排除十二年之可能）。（见韩玉涛：《〈丧乱帖〉考评》；刘涛：《王羲之书

法的分期问题》；王玉池：《王羲之〈丧乱帖〉之“先墓”地点及书写时间初考》）

初，王氏先茔于广固之战中“再离荼毒”，圮沕荒芜；大军过后，王氏友朋，如荀羡之属，尝为修复。虽然，逸少南离，“未获奔驰”，中心劣劣。天地翻覆，“痛贯心肝”；“临纸感哽”，怫郁结辖。安有为书之志，直怀彻骨之悲。全札麻纸浓墨，展欹侧之姿；笔挺神飞，纵绵长之体。出入顿挫，锋棱俱在，稳健而圆活。中侧露藏，挥洒自如。行笔之徐急轻重，用墨之枯润饱渴，仪态万方，因势嬗化。弃汉隶章草之古意，奠行草新书之轨模。自兹而后，行草字体（非风格）之变，庶乎其止矣。具言之，首三行规矩凝重，起以行书，“羲之”、“酷甚”而外，无有连者。“丧乱之极”四字，末笔俱尖，出而不乍，纵而能收。诸君但看此处，则雄遒面貌，豁然可晓；右军风骨，允矣能察。“墓”、“荼”、“酷甚”、“号”，快而健，骏而利。

（唐）窦蒙《述书赋语例字格》：千种风流曰能，百种滋味曰妙，纵任无方曰逸，无心自达曰老，筋力露见曰强，深而意远曰沉，团合密致曰紧，顿锉颖达曰峻，逶迤并行曰妍，意居形外曰媚，别负英威曰雄，肃穆飘然曰爽，如欲飞奔曰动，动合典章曰礼，力在意先曰壮，体外有余曰丽。颇可资参。

“酷”字右部之“告”与下“甚”字连，起收顿挫，似句戟长铩，雄强之极而时中；其映带贯通、偃仰向背，古今允为独步。

（宋）姜夔《续书谱·向背》：“向背者，如人之顾盼、指画、相揖、相背。发于左者应于右，起于上者伏于下。大要点画之间，施设各种情理，求之古人，右军盖为独步。”

“痛贯”以降，草意转深。书体之渐变，由悲情之渐泻也。至“哽不知”三字，笔笔勾连，情曷能已。末“顿首顿首”几不成字，满纸呜咽。

韩玉涛《〈丧乱帖〉考评》：“这（《丧乱帖》）是一件难得的珍品，它生动地展示了一个完整的过程：一个老辣的书家，在写同一封信时，情不自禁，由行到草的过程。……中国一切书体中，只有草书，是最抒情的。并不是说，别的书体，就不能抒情，而是说，只有草书的抒情，才能达到真正的自由的化境。……《丧乱帖》写了两行行书，为什么自然而然地便成了草书呢？——无病呻吟，不能做草；情不浓郁，也是写不出草书的。这个道理，在《丧乱帖》，又一次获得了证实。”

钬金戛玉，欻然而止，不觉一惊。观者之心随书而动，行于所当行，止于不得不止。微札戋戋，何离赏心，直教人展玩不尽也。

宋高宗《翰墨志》：“右军他书岂减《稧帖》，但此帖字数比他书最多，若千丈文锦，卷舒展玩，无不满人意，轸在心目不可忘。非若其他尺牍，数行数十字，如寸锦片玉，玩之易尽也。”

昔彦和鉴文，意推“骏爽”。

《文心雕龙·风骨》：“结言端直，则文骨成焉；意气骏爽，则文风清焉。”

仲伟论诗，务在“动心”。

《诗品·序》：“气之动物，物之感人，故摇荡性情，形诸舞咏。”又“诗有三义焉：一曰兴，二曰比，三曰赋。文已尽而意有余，兴也；因物喻志，比也；直书其事，寓言写物，赋也。宏斯三义，酌而用之，干之以风力，润之以丹彩，使味之者无极，闻之者动心，是诗之至也。”按此处之“兴”，已非《诗经》之旧义也。

《丧乱》一纸，可谓兼之矣。

以上二者虽为文论，亦隐寓书旨。“骏爽”自用笔言之，“动心”自书品言之。

“遒”之既明，且言“媚”字。“媚”之深义，颇不易解。昔梁武帝之论书也，“骨”、“媚”对举，“媚”、“肉”相称。

梁武帝《答陶隐居论书启》：“纯骨无媚，纯肉无力；浓纤有方，肥瘦相和，骨力相称。”

是则丰腴流美之谓媚，盖自书体形态而言之。右军末年变法，展也大成，字而“媚”者，变法之效也。然作此解，尚落第二义。

窦子全释“媚”为“意居形外”。

（唐）窦蒙《述书赋语例字格》：“意居形外曰媚。”

善哉斯言！范元实释“韵”为“有余意”。

（宋）范温《潜溪诗眼·论韵》：“有余意之谓韵。”“凡事既尽其美，必有其韵；韵苟不胜，亦亡其美。”

是则“韵”者，“媚”之根也。无“韵”之“媚”，即落“妖媚”，徒使面目可憎耳。字体之新，“媚”之器也；意之不尽，“媚”之道也。先请自道始。（待续）

（作者单位：山东大学尼山学堂）

中国哲学史诗（三）

黄玉顺

101 荀粲

名士荀粲荀奉倩，友善傅嘏夏侯玄。
系表之言安可说？象外之意岂能传？
理之微者非象举，立象系辞皆枉然。
圣人秕糠遗六籍，言不尽意莫流连！

102 杜预

杜预人称杜武库，文武双全令人慕。
春秋释例一家言，孔经左传相参互。

103 鲁褒

隐姓埋名著奇文，伤时疾俗论钱神。
阳间有钱可使鬼，阴朝犹贪何况人？
死生无命欲无已，富贵在钱不在仁。
请君试看今日事，始信鲁褒言语真！

104 朱士行

西域求法第一僧，首推曹魏朱士行。
西渡流沙得梵本，大品般若放光明。

105 鲁胜

西晋名家鲁胜称，辨别形名作准绳。
若非此公注墨辩，兴微继绝更谁能？

106 王衍

王衍当初亦贵无，祖尚浮虚致戮诛。
人之将死其言善，名士玄风值呜呼！

107 乐广

当年乐广患时风：放达风流太热衷。
名教自有乐地在，何必乃尔裸体中！

108 裴頠

裴頠逸民称谈薮，何王贵无我崇有。
无为乃是君王事，臣子安得拱其手！

109 欧阳建

渤海赫赫欧阳建，石崇之甥盛名传。
色不俟称自黑白，形不待名已方圆。

言能畅理因理变，名可辨物逐物迁。
义理精微诚可贵，言尽意论有遗篇。

110 阮瞻·阮修

究竟阮修抑阮瞻？当年人称三语掾。
名教自然将无同？此番公案谁能断！

111 王导

丞相王导过江左，只谈三理无他说：
言尽意乎养生也，声无哀乐费唇舌！

112 鲍敬言

鲍氏敬言言可传：苍天无事任自然。
当年曾作无君论，今日残存诘鲍篇！

113 张韩

张韩玄理有新翻：言不尽意何足援？
既解通心可无舌，不如留意于不言！

114 葛洪

葛洪将军执两端，外儒内道两相安：
身在山林心魏阙，既能为官又炼丹。
先师郑隐原修道，曾祖葛玄亦学仙。
学仙修道抱朴子，服食养性罗浮泉。
万殊大宗即为道，自然始祖又名玄。
但须思玄复行德，自可益寿且延年！

115 卫玠

名士卫玠卫叔宝，洗马谈玄人绝倒。
王弼金声吐中朝，此子玉振复江表！

116 王坦之

名士王文度，江东称独步。
总为时俗悲，尽被庄生误：
利天下也少，害天下也多。
既读废庄论，莫唱接舆歌！

117 六家七宗

幻化识含缘会意，心无即色本无异。
般若六家共七宗，东晋佛学大体备。
本无立宗释道安，崇本息末亦谈玄：
尝谓空为众形始，又云无在万化前。
本无异宗竺道潜，字曰法深语近玄：
从无出有有在后，壑然无形无在先。
支遁道林号支公，即色玄游本玄风：
夫色之性不自色，色即为空复异空。
渡江办食支愍度，心无色有两不辜：
常住不变为妙有，万累斯尽是空无。
识含立宗于法开，三界都空二谛裁：
却道心识大梦主，应知三界长夜哀。
幻化宗法道壹通，说法只在二谛中：
世谛诸法同幻化，真谛心神真不空。
缘会立宗于道邃，土木合成房舍寄：
世谛为有缘会成，真谛为无缘散义。
支谶当年枉用功，谁知般若趁玄风。
六家七宗皆误会：老庄道德不言空！

118 慧远

道安弟子慧远诤：王者何必沙门敬？
佛性不变说至极，体极为宗论法性。
薪异火同喻灵魂，形灭神存明报应。
往生净土白莲好，来译佛典庐山胜。

119 鸠摩罗什

鸠摩罗什中观论，后秦长安译经存。
三论初祖推童寿，中论百论十二门。
阿弥陀经净土典，妙法莲华天台尊。
大乘大义实相在，江南流行成实论。
什门八俊出四圣，关中四子尽高僧：
最是僧肇与僧叡，何况道融与道生。

120 道生

罗什高徒竺道生，后来人称涅槃圣：
顿悟成佛启禅宗，一阐提人有佛性。

121 僧肇

僧肇说经似谈玄，肇论四篇天下传。
非无非有不真空，在昔在今物不迁。
且以无知论般若，又将无名论涅槃。
欲悟般若性空旨，维摩诘经细把玩。

122 陆修静

简寂先生陆修静，弃家修道入云梦。
嵩山他把儒经采，庐山我把佛仪弄。
改制千般革三张，集经千卷成三洞。
若非当日南天师，道藏何来书充栋？

123 何承天

衡阳内史何承天，不信报应不信仙：
生死难逃春秋换，形神相资薪火传。

124 慧琳

黑衣宰相尊慧琳，排斥神佛甚可钦。
当年好个白黑论，佛家身价儒家心。

125 僧祐

僧祐辑出三藏记，佛经目录从此始。
当年若无弘明集，今日安治佛学史？

126 范缜

齐梁范缜范子真，舌战众僧与群臣；
退而著为神灭论，继之又答曹舍人。
未闻刃没利犹在，岂信形亡神独陈？
形神相即不相异，形质神用形即神！

127 陶弘景

齐梁道士陶弘景，山中宰相茅山请。
双修可致千年寿，百法无逾三教境。

128 刘峻

刘峻户曹刘孝标，乐天知命任逍遥。
自然之道即天命，莫信鬼神与舜尧！

129 菩提达摩

达摩坐禅未觉难，面壁九年不简单。
欲将行入履教义，须将理入作壁观。

不立文字授慧可，教外别传天地宽：
僧璨道信至弘忍，禅宗由此起波澜。

130 智顗

龙树大义既东来，慧文慧思有别裁。
陈隋智顗承衣钵，创立宗派在天台。
一念三千说真如，定慧双修两不负。
五时八教尊法华，著为天台三大部。
一心三观空假中，如此三谛自圆融。
九祖湛然中兴后，山家山外不兼容。

131 信行

普法立宗信行功，隋唐之际蔚成风：
天下钱粮无尽藏，一切众生礼拜中。
当初正法修大乘，后来像法修小乘；
如今末法三阶教，乞食忍辱头陀僧。

132 吉藏

龙树提婆其道东，吉藏三论创宗风：
据说中道有实相，诸法缘起其性空。
三论玄义三疏案，八不中道一道贯：
不一不异不来出，不生不灭不常断。

133 傅奕

唐初傅奕高识传，祖尊儒道斥佛禅。
刑德威福关人主，生死寿夭由自然。

134 法顺

太宗赐号帝心名，杜顺和尚义理明。
法界同理圆融起，理事无碍华严行。
五教止观五等判，一切圆融一元亨。
当初法顺开宗派，后来法藏集大成。

135 王通

王通中说大义伸，三教一统儒尤珍。
元气元形与元识，乃天乃地亦乃人。

136 道绰

西河禅师是道绰，愿生净土得安乐。
有感昙鸾和尚碑，离尘出世何洒落！
一生专讲无量寿，每日唯念阿弥陀。
弟子善导能光大，净土信徒何其多！

137 玄奘

唯识宗师是玄奘，古今呼作唐三藏。
去往西土求真经，归来慈恩说法相。
五位百法心法臻，万法唯识八识真：
阿赖耶识末那识，意识眼耳鼻舌身。
阿赖耶者种子库，末那也者意识根。
种子异熟根思量，六识了境见闻存。
破除我执与法执，只是见分与相分。
遍计依他与圆成，唯识无境三自性。
境无识有成转依，由迷而悟染而净。
有情无性岂成佛？还须明辨五种姓。

138 吕才

唐初吕才道阴阳，元气无形物有象。
皇天无亲与善人，祸福之应犹影响。

139 智俨

法顺之徒有智俨，至相大师重华严。
初创判别分五教，又说缘起古十玄。

140 善导

起初只有净土梦，后来演为净土宗。
东晋慧远结莲社，东魏昙鸾痴世风。
隋时道绰行此道，唐时善导成大功。
往生礼赞指乐土，弥陀化身度愚蒙。

141 窥基

窥基又称大乘基，佐助玄奘作新译。
慈恩大师善因明，百部疏主多文笔。

142 弘忍

禅宗即是佛心宗，传佛心印禅定中。
菩提达摩传慧可，僧璨道信一脉通。
禅宗五祖曰弘忍，当年洞开东山门：
以心传心达即可，萧然静坐不出文。
四仪三业皆佛事，金刚般若最上乘。
后来法系分南北，弟子神秀与惠能。
南能北秀各立宗，一顿一渐不兼容：
为受衣钵逞凶狠，只缘当时偈不同！

143 神秀

东山之法尽在秀，当年上座称教授。
拂尘看净且通经，后来北国为领袖。
可怜其法太辛苦，师徒之间难授受；
纵有天子加礼遇，渐悟法门几无后。

144 惠能

六祖惠能本天才：菩提无树镜非台；
须知自性本清净，试问何处惹尘埃？
直指人心皆佛根，见性成佛称顿门：
一悟即能至佛地，明心见性不求人！

145 善无畏

密宗开元三大士，无畏不空金刚智：
自称信奉法身佛，大日如来传秘旨。
天竺和尚善无畏，长安国师净师子。
当年带来大日经，中华密教从此始。

146 金刚智・不空

那烂陀僧金刚智，金刚顶经携而至。
弟子不空俱东来，奉敕长安从译事。
世界造化曰六大：地水火风与空识。
即身成佛求正果，三业清净三加持。

147 法藏

法藏贤首师智俨，法界缘起得真传。
殿前取譬金师子，当下开悟武则天。
六相圆融四法界，一真法界十玄缘。
相即相入皆无碍，华严从此成大观。

148 司马承祯

司马承祯白云子，得道修真有秘旨：
断缘收心坐忘论，简事真观天隐子。
敬信之旨本儒家，泰定之功出释氏。
与道同身唯守静，形如槁木心如死。

149 惠能弟子

惠能门下有法海，编辑六祖坛经在；
行思怀让各开宗，慧忠神会皆成派。
青原行思化一方，四方禅客拥其堂；
曹洞云门与法眼，三家宗旨大发扬。
南岳怀让不坐禅，却道成镜岂磨砖？
潙仰临济承其旨，黄龙杨岐继其传。
荷泽大师乃神会，既投惠能即追随；
后来又作显宗记，顿渐南北定是非。

150 庐藏用

庐氏藏用庐子潜，唐时隐遁终南山。
当年曾作析滞论：吉凶在人不关天！

（作者单位：山东大学儒学高等研究院）

体现神韵风貌的经典诗选——《感旧集》

王小舒

《感旧集》是清代诗人兼诗论家王士禛编选的一部诗集。王士禛称此集所收为“平生师友之作”，说明入选作家与编者有着不同程度的交游关系，故名之为“感旧集”。王士禛字子真，一字贻上，号阮亭，又号渔洋山人，山东新城人，著有《带经堂集》、《池北偶谈》、《居易录》、《香祖笔记》、《渔洋诗话》等，是康熙朝的诗坛领袖。

《感旧集》在王士禛生前一直没有付印，直到去世四十一年后，卢见曾于黄叔琳处见到一部抄本，方于乾隆十七年将其版行于世。卢见曾，字抱孙，号雅雨山人，德州人，尝师从王士禛，康熙六十年进士，官至两淮盐运使，著有《雅雨堂文集》，并编有《国朝山左诗钞》等。卢见曾的雅雨堂版《感旧集》在扬州印行不久，即遭朝廷禁毁，故至今世面极为罕见。

此集所收顺治、康熙两朝诗人共三百三十三位，诗作二千五百七十二首，涵盖面宽，代表性强。评者称：“顺治、康熙两朝诗人，亦大略具矣。”（李慈铭《越缦堂读书记·集部·总集类》）因此，《感旧集》实可视作顺、康两朝的一部经典诗选。

作为清朝的著名诗人，王士禛同时也是诗歌理论家，主倡“神韵说”，此书是他秉持神韵理念精心筛选的具有统一审美特色的诗歌选集。论者称:“一经先生选次，如金之入大冶，渣滓悉化，融炼一色，洵选家之巨手也。”（卢见曾《感旧集补传凡例》)由此，该诗集还具备一种独特的艺术风貌和美学内涵。

《感旧集》的编选经历了一个漫长的过程。最初肇端于康熙十二年，据王士禛自序陈述，编者在家乡为母亲服丧期间，受长兄王士禄病逝触发，“因念二十年中所得师友之益为多，日月既逝，人事屡迁，过此以往，未审视今日何如”，于是，“辄取箧衍所藏平生师友之作，为之论次，都为一集”，当时编为八卷。实际上，在此之前，王士禛还选有一部同时代作家的诗集，名之为“神韵集”。在《感旧集》卷八、王士禄诗作之后，编者追述云：“先是，士正（禛）尝集同时名辈诗为《神韵集》，兄剧爱其书，趣便成之，未及卒业。兹感念存殁，别次平生师友之作为《感旧集》，而以《神韵集》所录旧本割什三以附益之。”可见，《神韵集》作为先于《感旧集》编选却未及卒业的当代诗集，经此次删选后，附益到《感旧集》中去了，二者合二为一，“通为八卷”。

初成于康熙十三年的《感旧集》规模较小，为该集作序的朱彝尊称“凡五百余首”，仅为雅雨堂刻本的五分之一。此后，编者又不断进行增补，一直未曾付梓，或许这也是他始终不愿出以示人的原因。在王士禛康熙五十年去世之前，《感旧集》一直处于增补、变更状态，并未卒业。据卢见曾转述传闻，王士禛去世后，外甥赵执端曾到其家遍索原本，得一束散稿：“开有目录，抄存此本，共为四大卷，卷百余页，考工（王士禄）在第二卷末。”（《凡例》）这个情况与原初的八卷本不同，不但卷数发生变化，且王士禄的位置也被移到了中部。可以推断，排在王士禄之后的作家大多是编者后来增补的。

假若传闻属实，那么，卢见曾于乾隆年间在黄叔琳家看到的便是这部原稿的抄录本了，它已扩展为现今二千五百余首的规模。传世的雅雨堂刻本十六卷，为卢见曾所厘定，所谓“今依抄本序次，共厘为十六卷”（《凡例》）。卢氏是依照抄录本原来顺序编排的，王士禄被置于第八卷的卷末，“其人其诗，悉依原本，不敢妄有增减”（《凡例》）。除了厘定诗集的卷数外，卢见曾还将编者后来加入的补遗作品由每大卷的卷末移至各位作家正选之后，这样做的用意，在“庶不失作者之意”。

卢氏最突出的贡献在于邀请张元共同为三百多位作家补做小传。张元，字殿传，淄川人，其从父张笃庆，字历友，号厚斋，又号昆仑外史，为王士禛的中表兄弟，曾与王士禛共著《师友诗传录》。集中小传的文字主要采自王士禛的各种著作，“不尽者乃旁搜别书”。因年代久远，《感旧集》里许多作家已湮没无闻，这些小传为后世读者提供了重要的作者生平信息。

清初是诗歌创作的繁盛期，诗坛上既有明末入清的作家，也有清代长成的诗人，所谓“遁世之遗老，兴国之硕彦，无不萃荟一时”。《感旧集》对上述两类作家均予以收入，正如卢见曾《刻渔洋山人感旧集序》中所云：“人之以诗鸣于我朝之初盛而必传于后者，已囊括而无遗。”这当中，为数众多的遗民作家尤其引人注目。朱彝尊在《感旧集序》中指出：“入是集者，山泽憔悴之士居多。”王士禛早年在扬州任推官期间，结识许多遗民作家，与他们结社酬唱，故遗民诗友颇夥。《感旧集》中收入的遗民诗人多卓有声望，如林古度、邵潜、万寿祺、徐夜、顾炎武（绛）、纪映钟、杜浚、方文、陈恭尹、屈大均（释今种）、申涵光等，他们入选的诗篇不乏怀念旧朝之作，这是《感旧集》遭到禁毁的主要原因。

其实，除了遗民作家外，《感旧集》也收录了一批两朝为宦的作家，如钱谦益、吴伟业、龚鼎孳、曹溶、赵进美、高珩等。这批作家与遗民作家处于同时，政治上归顺了清王朝，内心情感却十分复杂，不乏忏悔自责之意，诗歌艺术也具相当之成就，《感旧集》收录他们的作品数量亦颇可观。尤其是钱谦益对编者曾有“代兴”之许，吴伟业曾授编者以诗法，《感旧集》收钱氏三十七首，吴氏四十三首，且分列二人于第一卷和第二卷之首。

随着仕宦阅历的增加，王士禛也结识了越来越多的官宦诗友，这部分作家更多集中在第九卷之后，如宋琬、施闰章、程可则、彭孙遹、叶方霭、陈维崧、陈廷敬、朱彝尊等人，此即卢见曾所称的“兴国之硕彦”。不过，编者的择选“广而不滥”，“约而不遗”，一概不收官场应酬之作，故而维护了诗集整体的质量。

《感旧集》最突出的特色乃在以神韵理念统贯全书，所谓“先生诗教以神韵为宗”（卢见曾《凡例》）。关于神韵，王士禛曾喻之为“兴会神到”、“清远兼之”（《池北偶谈》卷十八），意即通过与自然景物发生审美交流而获得灵感，激发诗情，然后构造清远的意境来加以表现。此类诗作的艺术效果就是严羽《沧浪诗话》所说的“如空中之音，相中之色，水中之月，镜中之象，言有尽而意无穷”。《感旧集》所收的作品大部分属于神韵风格的诗，卢氏所谓“渣滓悉化，融炼一色”；但是也不尽然，如钱谦益《华山庙碑歌》等闳博之制、朱彝尊《谒于忠肃公祠》等悲壮之篇，神韵就无法囊括。应该讲，

《感旧集》编者选诗时首先尊重作者的主导风格，在此基础上，再尽量选其神韵之作，这与《神韵集》是有所不同的。如此，《感旧集》的特点应该是：既显示各位作家的艺术个性，又贯彻神韵的美学理念，彼此兼顾，相得益彰。当然，假如该作家的主导风格本来就是神韵，那么选诗时便合而为一了。就此意义上讲，《感旧集》是一部以神韵为宗旨的诗歌选集是符合其实际的。

《感旧集》仅有一个版本，即乾隆年间的雅雨堂刻本。二十世纪初，有正书局曾经出版过石印本，收入了卢见曾的手写体《刻渔洋山人感旧集序》，该石印本是对雅雨堂刻本的复印。上海古籍出版社据雅雨堂刻本再版了此书，其价值弥足珍贵。

（作者单位：山东大学文学与新闻传播学院）

痴雁——严迪昌先生

张伯伟

2013年8月4日，严门弟子在苏州大学举办纪念严迪昌先生逝世十周年纪念会，邀请我和曹虹参加。十年前，当江苏古籍出版社的朱野坪学棣来电告知严先生去世的消息时，我正在上海一家医院的手术室外，等待妻子的手术结果，未能亲赴苏州吊唁。十年后的这个会议，我是理所当然要参加的。十年，那么漫长又那么短暂。当我在会上预备发言的时候，猝不及防间，李商隐怀念其师的诗句“十年泉下无消息，九日樽前有所思”（《九日》）便闯进了我的脑海。

说起和严先生的缘分，可以追溯至五十年前。其时家母在南通中学任教，先父则供职于南通市第一中学，我们全家都住在通中校园里。严先生1959年毕业于南京大学中文系，在那个年代，他本是所谓“根正苗红”，在读期间发表的文章，就有以“工人子”为笔名者。偏偏性嗜读书，遂有“白专标兵”之恶谥，毕业后未能如愿留校，分配到南通师范专科学校。1962年师专停办，遂移砚南通中学任教，与家母成为同事。因为都是上海人，又同在语文学科，所以与我家往来颇为密切。他好甜食，特别喜欢吃家母手制的八宝饭。我那时也就三四岁，总是喊他“爷叔”（上海话“叔叔”的意思），据他说也曾抱过我。但到了1964年，家母调动至市一中，我们也搬离通中，住到校外的公房里，往来就不多了。接着是“文革”，先父因《海瑞罢官》一剧撰文与姚文元商榷，结果成了南通市中教界第一个被打倒的。1969年，组织上作出“敌我矛盾按人民内部矛盾处理”的结论，全家下放到江苏省启东县通兴公社五大队十九小队。先父名讳“启东”，似乎冥冥之中早有定数一般，中年竟发配此地。直到“文革”结束，1977年高考制度改革，我考取南京大学中文系，父母也从县里重返南通市第一中学工作。严先生则一直在通中，“文革”时挨了不少整，吃了很多苦。1980年5月，他调至南大中文系工作，我是大三学生，又有了与他接触的机会。称呼则按照南通人的习惯，变为“严先生”。

严先生现在以古典文学研究名家为学术界所熟知，但他调进南大的名义却是陈瘦竹先生的助手，主要从事现代文学研究。上世纪五十年代以来的大学体制，因为向苏联学习，以成就窄而深的“专家”为追求目标，所以一个系就按专业方向分为不同学科，各人严守畛域，既不跨越，也不往来。即便在一个学科里，也是各人分头把守一段，你研究唐代，他研究宋代，甚至一辈子只研究某个作家或某本专书。严先生因为身在边缘，就没有那些限制，只要兴趣所在，便是研究对象。所以，他不仅研读了许多人不甚在意的清人诗词，对现当代的新诗也颇多关心，在《诗刊》、《雨花》、《钟山》等文学杂志上，屡有大作刊登。从数量上说，似乎还多于古典文学的研究论文。只是他兴趣更大的还是在古代，所以进入南大之后，授课与研究的主要方向还是在古代，但始终不脱现当代。直到他去苏州大学工作后，因全力投入清代文学研究，才减少了对现代诗坛的评论。2003年3月，他写了《游弋于“古”“今”两界间》，数月后便去世，不妨视作是他对自身学术的总结。他身后出版的《霜红簃文存——严迪昌诗文选》，编者以此文作为“代自序”，是非常恰当的。对于“古今”不作壁垒森严观，研究古代的人要关心现当代文学的发展，这也是先师程千帆先生极为关注的一个方面。他曾特别强调说：“研究古典文学的同志要重视现代、当代文学。”（《关于治学方法问题》）而严先生对于现当代文学堪称深度介入，已经远不止是“关心”了。他自己颇为得意在1981年第六期《文学评论》上刊出的评《九叶集》的文章，曾经被《新华文摘》全文转载，他说：“与1984年11月号《新华文摘》全文转载我的《清诗平议》放在一起审视，除了又一次表证始终游弋在‘今’‘古’之间的学术定位外，我的喜生不喜熟，‘喜新厌旧’的学术作派似也凸现分明。”（《游弋“古”“今”两界间》）在这一点上，倒是“夫子言之，于我心有戚戚焉”的，尽管我从不公开发表对于现当代文学的评论。2013年读了阎连科的《炸裂志》，实在是三十年来中国社会的缩影。这一虚构的城市以“炸裂”为名（不是“破裂”、“爆裂”，这些都有一个过程），更是象征着其变化之速有如迅雷。孔氏家族，几乎就是中国传统的代表；而那个朱姓女子，究竟代表了“程朱”之“朱”还是“朱红”之“朱”呢？在“利益”面前，无不纷纷崩坏。惟一留有希望的是孔家老四这个读书人，也许拯救这个世界的最后力量就在教育和学术了，至少作者对此还持有一点稀薄的乐观。

严先生来南大，先是只身一人，住在单身教工宿舍，那是一个筒子楼，房间大小约 12 平方米，他戏称“螺壳居”，就在我们学生宿舍的后面。所以晚饭后，我常常跑去他那里，请教一些学问上的事，也报告一些自己的浅薄心得。大学毕业后，我顺利地考取了硕士研究生，还在南大就读。1982 年 3 月，我把与曹虹合作新写就的《李义山诗的心态》呈交批阅，并且准备提交当年“五二〇”南京大学八十校庆的论文报告会。他让我一小时后再去，等我再去的时候，他正在给系里负责科研的副系主任包忠文老师写推荐信，让我们参加这场报告会。印象最深的是严先生说：“写得很好，后半部分比前半部分好，看到最后一节的时候我眼泪都要下来了。”那年的论文报告会非常隆重，当时研究生的数量很少，别的是红校徽（后来才改成橘黄色校徽），论文报告也是参加教师组。现任中华书局总编辑的徐俊，当时还是大三的学生，参加了这场报告会，二十多年后仍然印象深刻，总是说“那时谁有研究心态啊！”不过，文章的刊登已是在三年之后了。去聊天的内容很多，除了学问上的，也有生活上的。那时在谈恋爱，曾经讲起曹虹好吃甜食，严先生立刻评论道：“好吃甜食的人多情。”此话是否具有普遍性我不敢说，但严先生好吃甜食，他本人“多情”恐怕是事实。还有一次，他告诉我年轻时曾有一号“痴雁”。这个号大概不常用，所以从来没有看到别人提及，但我确实曾经在他的某册书上见到“痴雁”的印章。这么说来，严先生岂止是“多情”者，更是“痴情”者。他把他的痴情用在事业上，用在生活中。二十年行走在学术研究的边缘，如果没有“痴”的精神，如何能坚持不懈用志于学术呢？二十年间也有从政的机会和经历，如果没有“痴”的精神，又如何会弃之如敝屣、而对荧然青灯泠然雨窗情有独钟呢？读古典文学的人都熟悉元好问的“雁丘辞”：“恨人间，情为何物，直教生死相许？”（《摸鱼儿》）据元好问所述本事：“乙丑岁赴试并州，道逢捕雁者云：‘今旦获一雁，杀之矣。其脱网者悲鸣不能去，竟自投于地而死。’予因买得之，葬之汾水之上，累石为识，号曰雁丘。”我1992年夏天在日本京都，曾在正午街头见到一幕，堪与比配。那是一只燕子中暑后暴跌街头，另一只燕子就始终围绕其旁，不肯离去。人总是自傲为万物之灵，“禽兽不如”乃詈骂语。殊不知禽类中有衔石填海的精卫，有濡羽救火的鹦鹉，有因爱殉情的大雁；即便是兽类，也有如《庄子》所说“虎狼仁也”，“父子相亲，何为不仁？”（《天运》）有被其子（是人而非小狮子）“以利刀开喉破腹，虽加此苦，而慈爱情深，含忍不动，因即命绝”（《大唐大慈恩寺三藏法师传》卷四）的狮子王。马克·吐温说：“人类是惟一会脸红的动物，或是惟一该脸红的动物。”人类需要向他类学习的地方太多了。“痴雁”，一个多么有意味的名号啊！

因为是单身一人，严先生总是在食堂吃饭，有时饭堂也成了我们交谈的场所。虽然他是父母执，我却未能遵守古礼“不谓之进，不敢进；不谓之退，不敢退；不问，不敢对”（《礼记·曲礼》），说话反而比较随意。那时他是《全清词》编纂研究室副主任，对清代文献用力甚深。我从一些资料中获得信息，知道在台湾曾影印了一批中央图书馆的善本书，内容为宋代至清代的诗话，当时正治中国文学批评史，其中有很多为昔日闻所未闻者。有一次在饭桌上，我举出一种清诗话向严先生发问，答曰“不知”；紧接举出第二种，答曰“不知”；继而再举第三种，答曰“不知”。我本意是想请教这些书是否有购买价值，但当时不知怎么，连听三个“不知”后竟然“扑哧”一笑，就变得有点考问人、讥讽人的意味了。严先生肯定不高兴了，遂自我解嘲道：“我是一问三不知啊，这叫‘师不必贤于弟子，弟子不必不如师’。”日常谈话间，这种无意之中的“得罪”恐怕也不止一事二事，有段时间，我们的关系变得有点儿紧张，交谈也变得有点儿“话不投机”，所以无事再也不敢去他那里了。

严先生是个骄傲的人，他的前后同学留在南大工作的，学术成绩或不如他。即便有成绩的，在他看来，也不一定做到兼通古今，所谓“善言古者合之于今，能述远者考之于近”（陆贾《新语·术事》）。加上长期的中学教学生涯，使得其授课极受同学欢迎，“宋词流派研究”一课获得南京大学教学优秀一等奖。而一般大学老师并不讲究教学法，受欢迎程度就没有那么高。继而又被评为“优秀共产党员”，一时荣誉纷至沓来。我记得他在“宋词流派研究”课上讲到苏轼的时候，曾引用其“忍痛易，忍痒难”的话（完整的表达见《春渚纪闻》卷六：“处贫贱易，耐富贵难；安劳苦易，安闲散难；忍痛易，忍痒难。人能安闲散、耐富贵、忍痒，真有道之士也。”），他对这番话曾感慨系之。但天下事“非知之难，能之难也”，当严先生身处顺境之时，他未能“夹紧尾巴做人”，在日常的言谈之间，大概无意中也得罪了一些人，一旦在某个契机爆发，往往难以收拾。

上世纪八十年代中期的南大，住房极为紧张。1985年，严先生的夫人调入南京大学，在出版社工作，他的住房也调整到桃园北楼，原先只有一间，后来实在拥挤，学校又将对面一间“借”给他。次年春，某天晚饭后我去严先生那里，见他一人兀坐，闷闷不乐地抽烟，急询其故，原来下午主管后勤工作的“阎武”副校长值班，可以向他申请改善住房的要求，严先生去了，表明来意，该副校长以不友好的态度质问：“不是已经给过你一间了吗？又来做什么？”严先生把手掌往前一伸说：“好！那你把借条还给我。”以这样的气氛开始，接下去的谈话可想而知。副校长说：“你对我不尊重。”严先生说：“你要我一进门就对你三鞠躬吗？”结果自然是不欢而散，无功而返。“文革”以后，中国的大学出现两种状况：一是工人阶级领导一切的观念深入人心，所以职员对大学教授无恭敬之心；二是官本位思想抬头，所以各级行政领导对教授也乏尊重之意。据说这位副校长自己是“不粘锅”，有“青天”之美誉，但人文素养极低。十六世纪法国人文主义者夏尔·德·布埃勒（Charles de Bouelles）曾经用一张图表简洁说明了人文主义者的基本设想，即人的生存有四个水平，自下而上依次为存在（像石头）、活着（像树）、感觉（像马）和理解（像人）。这位副校长的生存水平，在我看来，几近乎石头，所以既无生气，也无感觉，更无理解，有的只是如石头一般冷冷的心。因为得罪了副校长，引起一些非议，《全清词》风波趁势而起。他似乎有满腹委屈，但一个骄傲的人，大概既不想平心静气听人意见，也不愿絮絮叨叨为自己多做解释，于是选择了离开，1987年夏初转赴苏州大学，结束了在南大七年的工作。离开之前，我们在夫子庙附近的江苏酒家给他们一家送行，好像是惟一的送别宴。严夫人曹林芳老师说：“严先生今天特别高兴。”他是个不胜酒力的人，而我当年的酒量也远远不能与今天相比，但那晚我们喝光了一瓶红葡萄酒。

严先生离开南大后，我们见面的机会屈指可数。有次他来南京，曾到我家吃了一顿便餐。1991 年曹虹拟赴日本京都大学访学，我知道严先生因为作《阳羡词派研究》，对宜兴茶具颇有研究，也购藏了一些。于是托他购买几把能送人的茶壶，曾为此去过苏州。1993 年他的两个硕士生毕业，曾请我去参加答辩，一同被邀的还有华东师范大学的马兴荣教授。1994 年，曹虹为其著作申请列入“中国传统文化研究丛书”，先师修书一封，让我去苏州大学请钱仲联先生写推荐，曾顺道在严先生家小坐。我曾托他在苏州购买一套《文苑英华》，但书已售罄，他将自藏的一套赠送给我，算是对我多年前帮他在香港购买叶恭绰《全清词钞》的回报。虽然见面很少，书信亦疏，但还是留下了两点深刻的印象：

王元化先生生前曾提倡“有思想的学术，有学术的思想”，我觉得，严先生的学术是有思想的。这也不是我的一己“私见”。严先生逝世十年纪念会之前，我曾收到加拿大维多利亚大学中文系主任林宗正教授的邮件，称赞“严先生是一位很有思想的学者”。1991 年去苏州，听严先生讲他的《清诗史》写作，其中有一个重要观点，就是“在朝”与“在野”两派的更迭消长，这个观点对我来说真如石破天惊。而他更有其史家见识，就是特别要为清代皇权统治下的“布衣寒士、风尘小吏”撰著一代“心史”，让那些被侮辱、被损害的人堂堂正正地走进历史。但此书的出版命运颇为曲折，我看到的人民文学出版社的版本，已是在他去世后八年了。

严先生在南大的时候，除了单篇论文，真正成为专书的仅有《文学风格漫说》，只是一册小书。他的洋洋巨著，都是去苏大后完成的。以我手头所有者看，如《清词史》（1990）、《金元明清词精选》（1992）、《阳羡词派研究》（1993）、《近现代词纪事会评》（1995）、《近代词钞》（1997）、《清诗史》（1998）等；身后出版的有《严迪昌论文自选集》（2005）、《霜红簃文存——严迪昌诗文选》（2009）；未完稿八种，包括《清代三千词人传略》、《清代词人疑年录》、《清三百年词人年谱汇编》、《明清文化世族史》、《清代文学史案》等。在他离开南大的十六年中，他是以何等高昂的斗志投入工作？他在《清词史·后记》中写道：“去年夏初来吴门定居，此间著述风气甚浓，闲散嬉逸者少，我很受鼓动。”那会是一种怎样的鼓动呢？我想是他的“痴”劲又犯了。在纪念会上杨海明先生曾经说，每次与严先生一起外出开会，他总是带着一只重重的箱子，里面放满了需要的资料，在会议期间，依然刻苦用功，则平日可想而知。有时杨先生一觉醒来，看到严先生仍然在挑灯工作。如果不是那样做“拼命三郎”，他应该能够活得更长，贡献更多的。六十七岁的生命，对于一个学者来说，实在是过于短促了；对于一个有思想的学者来说，实在是太令人惋惜了。

很多年前，严先生写过一篇《论“痴”》，引到陆游的“我辈情钟不自由，等闲白却九分头”诗句，以及《聊斋志异》中的《石清虚》和《书痴》，并总结道：“在生活上，在事业上，这‘情钟不自由’的‘痴’实在不可少。情之痴者爱必深。”不啻夫子自道。但我觉得更能传出“痴”之“神”与“妙”，也更契合严先生的，是蒲松龄《阿宝》中的这段话：

> 性痴则其志凝：故书痴者文必工，艺痴者技必良。世之落拓而无成者，皆自谓不痴者也。

（作者单位：南京大学文学院）

缥缈缠绵一种情

——论黄侃的爱情词

李　婧

填词是近代国学大师黄侃于学术之外的消遣，曾言“虽览词章，只为涉猎”，但其实黄侃在词学上也是颇有造诣的。他曾下过苦功通阅《宋六十名家词》、《绝妙好词续钞》等词集，还曾向清季四大词人中的郑文焯、况周颐等问学。黄侃还曾先后在北京大学、武昌师范大学、武昌中华大学、北京民国大学讲授宋词，对俞平伯、龙榆生等日后的词学大师起到启蒙之功。

黄侃严守“词是艳科”的文体观念，一生共创作四百多首词，绝大多数为抒写爱情之作，占总词作数的三分之二以上，格调缠绵哀婉，正如他在《太常引·自题小像》中所言：“寒花伴影，到处总凄清！”（《黄季刚诗文钞》，以下词作引自此书者不具注）

既是情词，黄侃的个别作品就难免伤于侧艳，如描绘女子体貌的有《临江仙》“罗衫薄薄映冰肌。桃应妆半面，柳要学双眉”，《清平乐》“一枝片玉，柳似垂髫花似肉，正是秦娥十六”等。至于《浣溪沙》：“楼阁微寒昨夜风，起来梳洗意犹慵，对郎羞怯又惺忪。照影波光如眼媚，透簾山色比眉浓，今宵应不在愁中。”更是轻艳露骨。但这样的作品在黄词中数量很小，黄词在根本上讲不是艳词而是情词。作为一个至情至性之人，黄侃用他的词记述了男女爱情中种种的喜与笑、悲与痛，怨与愁。如《生查子》：“江上采珠还，初见秋波瞥。问得莫愁名，便是愁时节！默默又依依，罗带频拈结。无限此时情，后日和伊说。”描写的是初相见时的喜悦与心动。《浣溪沙》：“清晓妆成蜡烛啼，伤心第一是潜离，从今魂梦互难知。岂有错刀酬远道？更无青雀寄微词，不成相见枉相思！”倾诉的是离别的伤心与痛苦。

所谓“一卷新词，半得相思助”（《蝶恋花》），黄侃爱情词着重抒发的是离愁别绪、相思之苦，并且多与羁旅之愁相结合，使词作更为哀怨，如《念奴娇》“已自羁旅无聊，飘零有恨，况被柔情绕”、《高阳台》“最伤心，旅病而今，密约从前”、《还京乐》“拟淹留，愁梦逐飞花，情随逝水！可惜天涯客，无人长伴憔悴”等词句都是如此。1909年在日本东京所作的《浪淘沙》，正是融合了黄侃独在异国的羁旅之愁和远离妻子的相思之苦：

桂树满空山，秋思漫漫。玉关人老不生还！休道此楼难望远，轻倚危栏。流水自潺湲，重见应难。谁将尺素报平安？惟愿夕阳无限好，长照红颜。

可以说羁旅之愁与爱情之苦乃是黄侃痛苦的两个源头，正是二者的交错纠结，奠定了黄词无尽哀婉的基调。

黄侃的结发妻子王灵芳不幸于1919年逝世，花凋玉殒，令其十分悲痛，除了写下悼亡诗篇，黄侃也在词中表达他的哀思。如在《齐天乐·庚申除夕》中悲叹：“西窗旧侣。记亲擘黄柑，为添尊俎。短鬓如今，祭诗徒有断肠句。”又在《霓裳中序第一》中痛感：“愁极！旧盟难忆。早羽迅流光过隙，悲怀何计自释。拂簟尘多，展卷笺蚀。寄情无使觅，算断了人天信息。钟鸣矣，铜盘残苣，泪共冷灰积！”人天已永隔，黄侃也只能用诗词来倾诉对妻子的思念了。还有一首《八声甘州》更是情深意重，词云：

听幽窗暗雨冷浸魂，凄然感凉秋！又昏灯笼影，轻飙翦骨，辞梦高楼。正苦愁恨不去，争道怯愁休。愁有能消处，残泪仍流！却倩馀丝相绕，怕断时缥缈一去难收。怆沧波寒汐，湔恨又教留。拟他生蓬山重见，奈紫氛高处不通舟！梁间燕，正双栖处，料惹凝眸。

从“拟他生蓬山重见”，可以断定这也应是一首悼亡词，在幽窗暗雨的秋夜，想起亡妻，令黄侃不禁“残泪仍流”。今生既已缘尽，聊寄希望于他生相会蓬山仙境，怎奈“紫氛高处不通舟”，只能是徒然望着梁间双燕，黯然神伤罢了。此词情真意切，一股无奈而深沉的悲痛直逼人心，大有苏轼“十年生死两茫茫”的风调。

在发妻去世后，黄侃先后经历过几段感情，但多无果而终。在黄词中有大量的笔墨是在记述聚少离多的无望之恋：

《荷叶杯》：“从今多是断肠时，相见也无期”，“他生长住有情天，只是暂无缘！”

《虞美人》：“天长路远无消息，惟有长相忆！”

《虞美人》：“如今相见已无缘，赢得一回追忆一凄然！”

《高阳台》：“玉阶携手当时事，甚流年易换，佳会终稀！”

《蝶恋花》：“两意循环何日断？秋眸一腐难重见！”

《鹧鸪天》：“佳人一去难重见，夜夜相寻惟梦魂。”

《减字木兰花》：“轻颦微叹，当时知有无穷怨，一度分携，直到他生是见时。”

这样无奈与无望的感情给黄侃带来了不尽的愁情哀怨，给他的词作抹上了浓重的哀婉凄凉的调色。因而黄侃的词中满是“愁”、“飘零”、“凄凉”之类的字眼。如《采桑子》：

青鸾漫报愁消息，侬已多愁，侬已多愁，分得愁多更不休！簾垂枕冷遥相忆，心上成秋，心上成秋，暗雨微灯共一楼。

“侬已多愁”，“心上成秋”也成愁，满纸都是一个愁字。

再如《采桑子》：

今生未必重相见，遥计他生，谁信他生？缥缈缠绵一种情！当时留恋曾何济？知有飘零，毕竟飘零，便是飘零也感卿！

又有《太常引·自题小像》云：

仙心侠意两难平，一例化幽情。尘海任飘零，更休问他生此生！浓香引梦，寒花伴影，到处总凄清！虚愿慰伶俜，莫轻遣愁醒恨醒！

“侬比啼鹃一倍痴”（《采桑子》）的黄侃，终逃不过一个“飘零”，到处总是“凄清”，悲凉之感弥漫了整个诗篇。

在慢词中，黄侃将这般愁怀表现得更为缠绵悱恻，如《念奴娇》：

海山兜率，算相逢较易，劳生已了。密怨潜离俱不误，误在当初一笑。花落经春，萍浮甚处，鱼雁双沉杳。誓言虽在，冬雷夏雪难保！一任肺疾缠绵，泪珠零乱，转觉销磨好。万种凄凉无可说，只待心灰形槁。幕里微容，扇头诗句，见即添蕣恼。夙缘千劫，懺情今日还早。

从“花落经春，萍浮甚处，鱼雁又沉杳”，可见恋人别离已久而音信杳无，以至于当初“冬雷震震夏雨雪，乃敢与君绝”的誓言，今日也成了无望的空语。在这样“万种凄凉无可说”的情况下，黄侃宁愿任病体消磨、心灰形槁来麻木自己。

那么这样聚少离多的无望之恋到底指射黄侃的哪一段感情呢？追索黄词的本事，应该是记叙了生命中几段不同的感情，很难一一落实。如上述《采桑子》“今生未必重相见，遥计他生，谁信他生？缥缈缠绵一种情！当时留恋曾何济？知有飘零，毕竟飘零，便是飘零也感卿！”乃黄词中流传甚广颇为人称道的代表作，坊间盛传是他任教武昌高等师范学校时，与武昌女师学生黄菊英自由恋爱，受到女方家长的阻碍和社会舆论的攻击，遂写给黄菊英以表深情的。但是也有学者指出，黄侃青年时曾爱恋一名字为“秋华”的女子，可惜未能如愿婚配，专为其创作词集《纗华词》一卷，抒发凄婉缠绵之情，此首《采桑子》正在其中（参见王芸孙《诗艺丛谈》、傅德生《宋元明清诗词曲佳偶》。从此词所表露的一种无奈无望的情绪来看，似以此说为胜）。可见，没有确凿的根据，很难落实黄词的本事。

目前仅可以明显判断出，黄侃的爱情词中有他身在异国他乡写给妻子的怀内词，及发妻去世后所写的悼亡词，另外，很多情词是写给一位名“梅”的女士。黄侃有多首咏梅的词，《浣溪沙·题画梅》道出这是“暗因幽卉忆嘉名”。在一首《点绛唇》的小序中，黄侃追忆“检匣得旧扇，尚未书字。扇为蝳蝐骨，痴梅所赠也。感赋一阕，即题扇上”，而这首写给痴梅的词，哀怨动人：

蠙甲玲珑，几年匣里愁轻展。聚头人远，辛苦知谁见？ 浓笑书空，曾傍柔荑腕。音尘断，忍吟班扇，泪与残蝉泫！

另一首《摊破采桑子》“题旧藏时辰表中所嵌小象”云：

梅妆礬色无人学，只伴冰霜，合受凄凉，晚节还堪殿众芳。也啰！真个是意难忘！兰情蕙性谁能绍？种向都梁，恨满潇湘，好续离骚咏国香。也啰！真个是意难忘！

也提到“梅”，不难想到，黄侃所珍藏相片中的心上人，正是这位名梅的女士。而且黄侃对她的感情十分深刻，“真个是意难忘”，黄侃还作有《南乡子》“重赞小象”：

见影已知愁，憔悴丰神镜里收。独立雕栏应有恨，迟留，只恐罗衣不耐秋。相对久凝眸，翻信离魂解见投。却买沉香熏小象，绸缪，也算重逢在画楼。

将伊人的小像熏香设供，想象这“也算重逢在画楼”，可见黄侃的痴情和这段感情的无望。

从有关黄侃的各种史传及回忆资料来看，这位名梅的女士，很可能是黄绍兰，她早字学梅。值得注意的是，在“题旧藏时辰表中所嵌小象”词中，除了上阕首句“梅妆礬色无人学”，下阙首句为“兰情蕙性谁能绍”，正和黄绍兰名字，黄侃应该是以藏头的形式在词中暗嵌意中人的名字。“兰”也是黄侃词中常咏之物，《木兰花慢》就是一首咏兰之词，其题记云：“因怜芳草，复忆嘉名。悱恻之怀，庶斯能喻。”并且“梅”、“兰”共现的情况不止上举一处，《江神子》题记曰：“案头以瓶供黄梅，幽兰伴之，水仙亦将花矣。晴日欣然为赋。”《声声慢》题记曰：“友人画梅兰共一幅属题，用梦窗赋四香韵。”《山花子》也云：

林际疏梅谷底兰，多情长是耐清寒。化作优昙何处觅？太无缘！綵缕那长能续命？琼楼端合小游仙。萝带桂旗皆寂寞，下空山。

这些细节都印证了黄词中的女主角应该正是黄绍兰。二人的情感经历也正像黄词中所写的《蝶恋花》“水远山长从间阻，人间遥作伤心侣”，虽然海誓山盟，心心相印，却由于现实的原因而充满了无奈与无望。

黄侃的爱情词既是他本人真情实感的流露，同时也体现了他那一个时代知识分子某个侧面的精神状态。1912 年黄侃印发他在游学日本期间所作的《纗华词》，有编成自记曰：

右词一卷，一百六十五首，起丁未（一九〇七）迄辛亥（一九一一）五岁间所得。华年易去，密誓虚存。深恨遥情，于焉寄托。茧牵丝而自缚，烛有泪而难灰。聊为怊怅之词，但以缠绵为主。作无益之事，自遣劳生；续已断之缘，犹期来世。壬子六月，编成自记。（李一氓《关于黄侃的词》）

表明自己在留日期间创作了大量的爱情词作为人生的寄托和排遣。黄侃的挚友汪东在为《纗华词》撰写的序言中，进一步指出黄侃创作这些情词其实有更深层的动因：

尝谓词原于《国风》，而与《离骚》尤近。夫诗以言志，志者与物相应者也。世变既繁，感慨纷集，仁人君子，怀菀结之情，抱难言之痛。罗网甚密，则庄语或以召危；芳菲弥章，而奇文因之益肆。自屈原之作以为诗者，结体四言……黄君夙离幽忧，回翔异域，又复生三闾之徂土，袭往哲之修能，宜其所述有《哀郢》之志，《思美》之遗也。（转引自司马朝军、王文晖《黄侃年谱》）

汪东指出由于清末民初世变纷繁，当时的知识分子"感慨纷集"、"怀竞结之情"，但苦于罗网甚密而不得直言，故以"芳菲弥章"的奇文发之，正如同屈原以香草美人抒忠君爱国之情一样。黄侃也是如此，"夙离幽忧，回翔异域"，他所创作的爱情词正是他内心苦闷的抒发，"有《哀郢》之志，《思美》之遗也"。

汪东的剖析在刘仲蘧赠黄侃《瑞龙吟》词的题记中得到进一步证实：

右词一首为瑗近作。自经丧乱，意思萧瑟，海滨漂泊，时感前游。自惟情怀不深，材智庸下，执操浩荡，见弃知音。时命既乖，夙心终左，纵复微吟永叹，只以自怜。惟是劳苦之生，必须排遣之术。托想于绮罗香泽，未必遂为大雅所讥也。季刚先生天性耿介，不受世羁，投契以来，相忘形表。昨见此作，亦复击节称叹，矜我愚情。不图多感之辰，乃得同心之友。欢然以喜，愀然以悲，固知俗士讥评，必以吾两人为狂佚。然深隐之怀，既经共喻，世议琐琐，又何计焉。壬子（1912年）三月刘瑗记。

刘仲遽所作的是一首爱情词，他自谓创作的动因是为了排遣丧乱以来内心的萧瑟、痛苦，而"托想于绮罗香泽"。而黄侃对刘氏的这种想法颇感"同心"，以至"击节称叹"。

黄侃在《纗华词序》中说"作无益之事，自遣劳生"，刘仲遽在《瑞龙吟》题记中言"惟是劳苦之生，必须排遣之术。托想于绮罗香泽，未必遂为大雅所讥也"，汪东在《和清真词序》中引"不为无益之事，何以遣有涯之生"，三人异口同词，都将爱情词的创作视为对内心苦恼、郁闷、感伤情绪的一种发抒和排遣。可见，这种文学思想是近代知识分子普遍具有的（程翔章《黄侃词论略》）。郭延礼在《中国近代文学发展史》中分析苏曼殊爱情诗的意义时指出："如果要说这部分诗的意义，除了审美价值外，则反映了近代知识分子在黑暗势力面前出世与入世、反抗与动摇、追求自由与自造藩篱的矛盾心态。对于考察20世纪初那个特定时代的一种畸形性格形态当有一定的认识价值。”（郭延礼《中国近代文学发展史》，畸形，原文作“畸”，疑误）黄侃的爱情诗词亦当作如是观。（本文为国家社科基金后期资助项目“黄侃文学研究”13FZW071成果。）

（作者单位：中国海洋大学文学与新闻传播学院）

雨如诗词三首

朝阳寺访明月法师

深山栖古寺，谁识此中幽。
鸟语无妨说，泉声自在流。
参诗怀衲子，煮茗悟禅头。
长揖何相送，清风到海陬。

霾

东君卅载复思愆，葬尽春光孰可怜。
信是九重应有日，奈何三尺已无天。
湖山不洗皆尘色，杨柳犹愁作瘴烟。
且待新雷惊蛰起，好分时雨到桑田。

鹧鸪天·石门植物园晨行

竹树深深曲曲通，晓烟湿着素衣重。穿廊迷蝶迁迁影，浮水空香飐飐风。
荷亦淡，柳还浓，平湖初日一丸红。几声布谷长桥外，遥落山村野梦中。

（作者单位：河北省唐山市丰南区政府办公室）

中国小说的第三次变迁（三）

程毅中

《西游记》的演化过程比较清楚，文献较多，但疑问也不少。唐僧取经的故事在唐代就有一些虚构的传说。玄奘自撰的《大唐西域记》里就记载了许多神异故事，他弟子慧立、彦悰写的《大慈恩寺三藏法师传》更把玄奘加以某种程度的神化，如卷一叙玄奘曾得一病人授予《般若心经》，西行途中就靠念诵《心经》才能驱鬼脱险。这个故事在李亢《独异志》里也有相似的记载，到《大唐三藏取经诗话》的第十六段里就演化为定光佛传授的《多心经》了。

《大唐三藏取经诗话》现存残本，卷末有"中瓦子张家印"一行，似为宋刻，或疑为元刻。但撰作年代必然更早，汉语史学者从语音、语法、语汇三方面考察，认为："它的时代至迟也该是北宋，因为它的语言确与南宋的话本有所不同"，"这部话本的时代还有可能往上推到晚唐五代。"它在体制上与敦煌变文有相似之处，大多数题目下都有"处"字，与《李陵变文》中多处标示段落的格式相同。从内容看可能属于说经、说参请的门类，与唐代的俗讲一脉相承。而名为"诗话"，又是一种新的体制，与"词话"同样是说唱文学的一个品种，大概从敦煌遗书里的《季布诗咏》、《叶静能诗》等传承而来。《清平山堂话本》里收有《快嘴李翠莲记》、《张子房慕道记》、《刎颈鸳鸯会》等，也是诗话体的说唱文学，书上尾题也标明为"小说"。明代还有《张子房归山诗选》、《解学士诗》之类的书名，实际上也是话本的一体。

《取经诗话》从取经故事转化成猴行者为主角的神魔故事，与榆林窟的猴行者壁画等文物可互相印证，时代相当于宋代。到元末明初，出现了《西游记平话》(又名《唐三藏西游记》),佚文见于朝鲜人编写的汉语教科书《朴通事谚解》。书中引有一段孙行者与伯眼大仙斗法的故事,比较详细,与世德堂本《西游记》的第四十五回相当接近。《朴通事》引述的情节,有孙行者偷蟠桃、偷丹药、偷王母仙衣,被二郎神捉住,巨灵神押住花果山下,直到随玄奘西天取经,证果大力王菩萨。与今本《西游记》有同有异,已有猪八戒、沙和尚加入。还说到取经路上遇到许多灾难,“不知凡几”,似已接近八十一难,但情节不完全相同。这是《西游记》的早期版本,比《取经诗话》丰富多了。永乐五年(1407)编写的《永乐大典》第一三一三九卷引有《梦斩泾河龙》一段,注作《西游记》,与世德堂本第九回略有异同。其中有一首诗:“黄河摧两岸,华岳振三峰。威雄惊万里,风雨喷长空。”不见于世德堂本,而见于朱鼎臣本。因此我认为朱本源自永乐本,其中唐僧出世的情节也来自古本。张锦池先生认为朱本是晚于世本的三缀本,但也认定有一个与世本同源异流的平话本,其祖本较早。明刻阳至和(清刻本作杨致和)编的《唐三藏出身全传》故事与世德堂本大体相同,而删削极多,书中不同的地方是卷二《刘全进瓜还魂》有一段话:

> 此人是谁?讳号金蝉……洪欲除根,急令淹死,小姐再三哀告,将儿入匣抛江,流至金山寺,大石挡住,僧人听见匣内有声,收来开匣抱入寺去。迁安和尚养成,自幼持斋把素,因此号为江流儿,法名唤作陈玄奘。他母幸得刘洪母贤,脱身修行不提。

这个情节,世本里说是“出身命犯落江星,顺水随波逐浪泱。海岛金山有大缘,迁安和尚将他养”,不说江流儿为何落江,也没有恶党陈洪的姓名和陈母救了小姐“脱身修行”的情节,与阳本来源不同。阳本中《题圣郎弥勒佛收妖》一节,讲到荆棘山六老者二女子把三藏迷昏了一夜,其一号杏仙郎,其一号赤身鬼,与世本不同,似与盛于斯所见本有关。二者不同,谁先谁后,难以判断。但阳本的祖本是有“抛江”的情节和恶党陈洪的姓名的,它和朱本又有同源异流的关系。永乐本如果并非《朴通事》所说的平话,那么更说明《西游记》早有许多不同的版本,正是民间文学传承性和变异性的特点,也是由话本演化为近体小说的常态。

世本《西游记》虽是现存最早的刻本，但不是惟一的版本。据明人盛于斯《休庵影语》的记载，他幼年读的《西游记》有“清风岭唐僧遇怪，木棉庵三藏谈诗”的回目，与今本第六十四回“荆棘岭悟能努力，木仙庵三藏谈诗”不同; 又说他听周如山说,原来出自周邸的抄本只有九十九回,其末回云:“九九数完归大道，三三行满见真如。”也与今本不同。这个“周邸”可能即陈元之序所谓“天潢何侯王之国”。这又是一个未见的版本。

世德堂本《西游记》不是初刻本，它的祖本唱词特多，像是说唱艺人的底本。今本有一些语汇，具有较早时期的特征。如书中有“那日吾当命运拙”“惟有我当钯最切”（十九回）“吾当不是别人”（二十回）等，“吾当”是单数的第一人称，见于敦煌本《伍子胥》话本。元人杂剧中屡见。可是第二十四回里“恐有妖魔作耗，侵害我党”，原来也应是“吾当”，已经后人妄改了。又如第二十八回：“一个小妖就伸头望门外打一看，看见是个光头的长老。”在动词前加“打一”，是宋元话本里常见的语法结构，《水浒传》里还常见，到明代后期就不见通用，因此不可能是嘉靖以后的语言。《新说西游记》就把“打”字删去了。世德堂本还有一些改而未净的痕迹，到晚出的版本里就改得无影无踪了。

《西游记》从《取经诗话》到百回本，中间有许多不同的文本，经过了不止一次的增订，也经过了不止一次的删改。现存刻印最早的世德堂本也有曾经删改的痕迹，是一个典型的世代累积型作品，但中间有不少缺失的环节。它的版本源流比《三国演义》、《水浒传》更为复杂。它是话本演化为近体小说的一个典型例证。吴承恩曾撰《西游记》的著作，只有《淮安府志》的孤证，而不收通俗小说的《千顷堂书目》是把他的《西游记》列在地理类的。因此章培恩、徐朔方、黄永年、张锦池等研究者都否定了吴承恩的著作权。无论如何，它是一部世代积累型的小说，则是毫无疑义的。

《金瓶梅词话》的疑问很多，它的作者兰陵笑笑生是谁，现在已提出了五十多位候选人，但是都缺乏确证。首先要论证它的性质，是个人创作，还是群体作品。我认为，它至少有前八回大部分是从《水浒传》传承而来的，还有许多根据话本小说抄袭来的故事，如九十八回《韩爱姐翠馆遇情郎》借用了《新桥市韩五卖春情》的情节，第一百回春梅挑诱李安一段是剽窃《志诚张主管》的结构。书中的诗大多是抄袭了前人的旧作，而诗笔又十分拙劣，不是文人的作品，梅节学长和陈益源教授等也作了揭示。这种做法都是说话人和书会先生的惯技。书名明白标明为“词话”，也像是为说话人提供的底本。而且稍晚就有一位杨与民演说过《金瓶梅》。再说，书中第五十三至五十七回是从另一种版本配补的，可见《金瓶梅词话》也不是只有一个版本，可能像《西游记》一样，也是有不同的祖本的。当然，《金瓶梅》的传承，时间不长，没有像三大奇书那样长的世代积累过程。

我在《金瓶梅与明代世情小说》一文中曾举出王世贞家里专说平话的艺人胡忠（见《雪涛阁集》和《花当阁丛谈》），推论明代应有场上演出的话本（《明代小说丛稿》）。友人王夒山先生就据以推论，这位胡忠可能就是演说《金瓶梅》的专家，因为作者曾有王世贞一说（王先生的论文因各种原因至今未能发表）。我觉得在几十个候选人中，胡忠是可能性比较大的一个。因为书中粗俗泼辣的语言风格不像是“名士”“老儒”的手笔，但是还有待小心求证。

《清平山堂话本》与“三言二拍”

宋元小说家的话本，至今只有一张《红白蜘蛛》的残页是元刻本，其余都是明代编刻的，而且往往经过了明人的修改。因此话本的断代成了一个复杂的疑难问题。然而，如上所说的，至少《宣和遗事》里一段李师师的故事，可以视为一篇元刻本的小说。这段故事七千多字，比《红白蜘蛛》约长一倍，情节比较详尽，语言风格通俗简朴，有许多时代的特征。如“京师上停行首”“七十足陌长钱”“密地与贾奕打暖”等，话中多处用“底”字不用“的”、“每”字不用“们”，还是宋元时代的语言习惯。这是小说家话本的一个标本，可以用以与其他话本比较参照。

《红白蜘蛛》应即《醉翁谈录》所著录的《红蜘蛛》，现残存一页，但它的体制格式，正好为《清平山堂话本》中的小说作参证，说明那些话本还保留着宋元时代的原貌。但《醒世恒言》所收的《郑节使立功神臂弓》一篇，与之故事相同，而文字比《红白蜘蛛》详细得多。那么《郑节使》又是什么时候的改编本呢？我曾对它作了详细的校注，从语汇、名物制度、思想倾向等方面考察，觉得它还是元代以前的古本。例如话中张员外“许下愿心，要往东峰岱岳盖嘉宁大殿”。“嘉宁大殿”是东岳庙的正殿。实为皇家所建，完成于建中靖国元年（1101）。宋曾肇《东岳庙碑》记载，“中为殿三，曰嘉宁、蕃祉、储佑”（《曲阜集》卷三）。后来才有民众捐钱翻修的记录。金代大定二十一年（1181）重建后改称“仁安殿”，见《大金集礼》卷三十四。这里所说张员外捐献木材盖嘉宁殿，反映的还是大定二十一年前的情况（参考周郢《岱庙大殿三考》）。话中语词如“坐地”、“茶酒”、“是处”、“点茶”、“立地”、“撚指”、“搭坂”、“妓弟”、“行首”、“元来”、“打一看”等，都是常见于宋元文献的习语（详见拙著《宋元小说家话本集》的注释）。其中“元来”一词，是最明显的标志。我还得再一次重申一下：

明李诩《戒庵老人漫笔》卷一《国初讳用元字》说：“余家先世分关中，写吴原年、洪武原年，俱不用元字。想国初恶胜国之号而避之，故民间相习如此。”沈德符《万历野获编》补遗卷一《年号别称》说：“又贸易文契，如吴元年、洪武元年，俱以‘原’字代‘元’字，盖又民间追恨蒙古，不欲书其国号，如南宋写‘金’字俱作‘今’字。”清顾炎武《日知录》卷三十二《元》条又说：“元者，本也。本官曰元官，本籍曰元籍，本来曰元来。唐宋人多此语，后人以‘原’字代之，不知何解。……或以为洪武中臣下有称元任官者，嫌于元朝之官，故改此字。”

洪楩刻印的《清平山堂话本》里，绝大多数“元来”都没有改（只有少数几处用了“原来”），与《郑节使》相同。明初的作品，可能还有沿用“元”字而未改的，但到了明代嘉靖年间就不会再用“元”字了。因而《郑节使》绝不是冯梦龙的再创作，而是元末左右的话本。它和《红白蜘蛛》差别很大，可能出自一个语录式的繁本，原来大概是一个抄本，而《红白蜘蛛》则是因刻印省工而有所删节的简本。

洪楩刻印的话本分别为《雨窗集》、《长灯集》、《随航集》、《欹枕集》、《解闲集》、《醒梦集》，合称《六家小说》或《六十家小说》。现存残本，影印本总题《清平山堂话本》。我在校注时已作了不少断代的判断和推测，可以参看。这里只举《简帖和尚》一篇为例。

《简帖和尚》一篇，前人大多认为是宋人作品，许政扬先生《话本征时》从“如今叫做‘连手’，又叫做‘巡军’”两句话，考证为元人所作（《许政扬文存》）这是一个很重要的发现。然而从整篇故事看，话本里却有很多宋代人所用的语汇和文字。例如话中用了不少助词“底”字，这是常见于唐宋文献的，在《朱子语类》和《五灯会元》里可以找到许多例证，到元代就逐渐被“的”字取代了，在《古今小说（喻世明言）》里就都改成了“的”字。还有话中说到“你懑不敢领他”、“见他懑入去”的“懑”字，也是宋代人所用的字，元人多用“每”字，明人多用“们”字。又如主人公皇甫松，开头说他“本身是左班殿直”，是宋代的武职官名。政和二年（1112）改名成忠郎，而以内侍高品改称左班殿直。小说人说皇甫松是“左班殿直”，沿用的还是政和二年以前的官名，元代的说话人未必会按典章制度来评定他的职称，应该是传承祖本而来。再如说“皇甫殿直官差去押衣袄上边回来”，这是武官左班殿直的一项任务。边防军的衣袄由东京押送去，这是北宋时的制度。北宋人所著《杨文公谈苑》记载：“国朝之制，文武官诸军校在京者，端午、十月旦、诞圣节，皆赐衣服。其在外者，赐中冬衣袄，遣使将之。”（《类苑》卷二十五引）李焘《续资治通鉴长编》卷一〇四记载宋仁宗的诏令说：“押赐外州军衣袄，旧皆差伎术官，比来宗室、戚里多以亲属干请，至有诸司使、副及京朝官为之，烦扰州县，自今一切罢之。”恐怕元代的说话人未必能熟悉这些制度。话中还提到了许多东京的地名，可能是“京师老郎传流”的节目。因此我认为《简帖和尚》基本上是宋代的作品，甚至它的上限还在北宋时期，话文中“连手”、“巡军”的解释则是元代说话人的插话。

书中《拦路虎》也是基本保留话本原貌的一篇。“三言”里的作品，还有可与《醉翁谈录》所载的篇目相印证的，如《三现身》、《十条龙》、《赵正激恼京师》等，在“三言”里可以见到踪迹。而“三言”中冯梦龙注明“宋人小说”或“古本”的，也大致可信。因此这些作品可以作为标本，来和其他话本进行比较参照。

“三言”所收古本，或多或少经过了修改，难以完全判断其年代及作者。除《老门生三世报恩》一篇是冯梦龙自撰，徐无可考。凌濛初的“二拍”则大部分是凌氏自己的作品，可视为“拟话本”的标本（“话本”本不限于短篇的小说家，故从今人习称）。冯梦龙的《老门生》一篇，已为《儒林外史》提供了素材，也可看到从短篇发展到长篇的过程。由短篇发展到中篇近体小说，《鼓掌绝尘》是现存最早的代表作，书中就有不同门类的题材。

“三言二拍”传承了小说家的话本，都是短篇的白话小说。这类小说的特点是题材宽广，除《醉翁谈录》所说的“灵怪”“烟粉”“传奇”“公案”等八类外，还有其他故事，也有从讲史中摘取的一人一事，也可能有“士马金鼓”的“铁骑儿”，因此流传极广。其中“公案”故事逐步发展为长篇小说，到清代又结合了“朴刀杆棒”的武侠故事，成为近体小说的一大门类。“传奇”故事则由短篇发展为中篇至长篇，形成以才子佳人为主的人情小说，也是近体小说的一大门类（详见拙作《明代小说丛稿·明代的拟话本小说》）。由人情而扩展为世情题材的小说，则容纳了更多的社会生活，逐渐成为主流。清代以后，小说的题材越来越多，到晚清又有政治小说、侦探小说等新的类目。跨类题材的小说也日出不穷，小说目录的门类无法按题材细分，最终只能以长篇、短篇作为子目了。

清代以来，白话短篇的话本、拟话本虽然后继有人，但逐渐衰退，到清末就濒于消亡。如《跻春台》一书，基本上就是抄袭前人的作品了。

“说话”在明清称为“说书”，艺人为了吸引听众，竭力把故事拉长，逐日开讲。如宋人话本《三现身》被改编为《清风闸》，说书艺人又把其主角的故事扩编为评话“皮五瘌子”，不断增补，又产生了新的话本。读者也更爱看长篇小说，驱使书坊主积极组织、编印长篇作品。渐渐地，短篇小说就几乎被淘汰了。

小说家的话本，产生于瓦肆勾栏，说话人本身属于市民阶层。话本是为市民服务的，讲的不少是市民的故事，主要反映了市民的思想感情。因此，小说家话本是宋元以来市民文化的代表作，比之讲史家的演义更有突出表现。它对文人学者也有一定的影响。一部分“崇情反礼”的文人曾收集、编印、拟作了许多白话短篇小说，其中反封建礼教的进步思想和平民意识也较为鲜明，又从而影响了由短篇、中篇发展而来的长篇小说。这是中国小说第三次变迁的一个重大贡献。

（作者单位：中华书局）

实用对联赏析（下）

——对联艺术（四）

徐 超

（四）庆贺联

1. 春联

春联、寿联、婚联是常用庆贺联。春联虽然仅用一年，但“总把新桃换旧符”之一年一度，也就等于永久，所以春联应该是普及最广、用量最大、历时最久的对联。春联的不足是其内容往往陈陈相因，缺乏特色和文化内涵。又大多是普通红纸书写，没有落款，除非名家手笔，很少值得收藏。旧时一看春联，大概就能知道这家主人的身份、地位、职业等情况，如今已经不大讲究，基本上都是“放之千家万户而皆准”的通用性对联。

历代春联大致都是一些通用吉祥语。我们从当今各种对联出版物中看到的，诸如“一元复始，万象更新”“万民有庆，四海皆春”“春临宅第，喜上眉梢”“人随春意泰，风与太和邻”“春晖盈天地，正气满乾坤”“云霞成异彩，梅柳动春风”“三春淑景盈寰宇，四美新风流万家”“入座芝兰吹气暖，凌云松柏得天多”“瑞雪翩翩丰收景，红梅朵朵富裕花”“千洲叠翠春光好，万水扬波气象新”“春风吹绿门前树，华灯映红窗上花”“白雪迎春辞旧岁，和风细雨兆丰年”“一元复始，九州同庆；八方协和，四季平安”“云涌吉祥，风吹和顺；花开如意，竹报平安”“绿水青山，风景这边独好；红

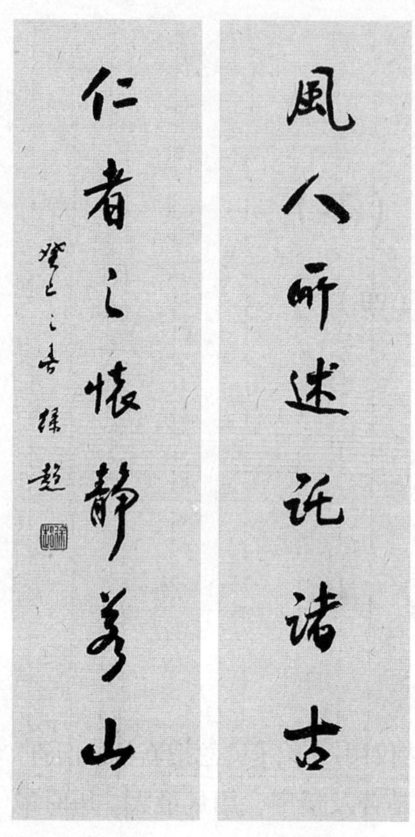

风人所述讬诸古，仁者之怀静若山

装素裹，江山如此多娇”等等。

我希望今后的春联多一些特色，因人而异，因时而异。难得的是，近几十年来各种文化活动中出现了不少有特色的佳联，其中不少出自名家之手。下面举优秀春联三例：

一市九衢，辛盘璀璨重光岁；

九瀛一统，未雨绸缪两岸心。

这是白化文为北京电视台“金色时光”栏目1991年新春征联活动中的示范联。其中，两个分句里分别依序嵌“一”“九”“九”“一”，且“一”“九”复用，又同时分嵌干支名称“辛”“未”二字，难度很大。“重光岁”对“两岸心”亦具匠心，盖干支计年，十干称为岁阳，十二支为岁阴。“重光”是岁阳名称之一，是辛年的别称，《尔雅·释天》：“（太岁）在辛曰重光。”“重”与“两”又可视为数字对。九瀛，九州与其外环的瀛海，这里借指我国大陆与台湾及周围大小岛屿。辛盘，旧时农历正月初一，民间有用葱韭等五种辛辣菜蔬置于盘中供食的习俗，以“辛”“新”同音，取迎新之意，明李沂《丙寅元日》诗有“浊酒辛盘自岁时”句。未雨绸缪，语出《诗经·豳风·鸱鸮》“迨天之未阴雨，彻彼桑土，绸缪牖户”，是说趁着天还没有下雨，就把窝巢缠捆结实，这是典源。本联近典则出自廖承志《致蒋经国先生信》：“岁月不居，来日苦短，夜长梦多，时不我与。盼弟善为抉择，未雨绸缪。”凡典源多易查考，而具体语境的“今典”则多不为一般人所熟知，故作者宜加自注，以便读者，如此处“未雨绸缪”。

鼠毫健笔书成福，

牛角深杯酒酿春。

此联是 1997 年北京新春征联一等奖作品，作者唐克强。此联巧用含生肖名的词语“鼠须”、“牛角”组句，寓意“鼠（1996 年）送福，牛（1997 年）庆春”，实为难得。福，入声字。

愿得此身长报国，
每逢佳节倍思亲。

1983 年春节前夕，中央电视台等联合举办第二届迎春征联活动，此系韩瑾应征联，是集唐诗句联。唐戴叔伦诗《塞上曲》（其二）：“愿得此身长报国，何须生入玉门关。”唐王维诗《九月九日忆山东兄弟》：“独在异乡为异客，每逢佳节倍思亲。”得、国、节，入声字。

2. 其他庆贺联

人生不满公今满，
世上难逢我竟逢。

这是清王文清题赠百岁老人的寿联。上联用《古诗十九首》“生年不满百”句而隐“百”字。下联用旧联“山中易见千年树，世上难逢百岁人”而隐“百岁人”三字。

人近百年犹赤子，
天留二老看玄孙。

清代著名学者梁同书于嘉庆十七年（1812）逢九十大寿，诗人张问安作此联庆贺。文辞得体，切合寿主。“赤子”与“玄孙”，堪称巧对。

道胜青牛，论高白马；

何止于米，相期以茶。

这是冯友兰题赠金岳霖八十八岁的贺联，金是著名哲学家、逻辑学家。《史记·老子韩非列传》：“于是老子乃著书上下篇，言道德之意五千余言而去。”司马贞《索引》引刘向《列仙传》：“老子西游，关令尹喜望见有紫气浮关，而老子果乘青牛而过也。”后或以“青牛”为老子的代称。“白马”用公孙龙“白马非马”的典故，此处借指公孙龙。二句称赞题赠对象的学术成就。“米”字拆开是“八十八”，“茶”字拆开是“八十八”上加“二十”，即一百零八岁。“米寿”、“茶寿”的说法流行于日本。八字联中多有句内自对而不大计较上下联整体对仗的例子，此联就属于这一类。

无可颂扬，百姓膏脂未尝染指；
有何欢喜？七旬夫妇难得齐眉。

此为清谢玉汉七十自寿联。谢曾在广东做过多任知县。此联巧在以“染指”与“齐眉”相对。“齐眉”犹言“齐寿”，同时也暗含举案齐眉、相敬如宾的意思。明陈士元《俚言解》卷一：“夫妇偕老曰齐眉。”《诗经·豳风·七月》：“为此春酒，以介眉寿。”

常如作客：何问康宁，但使囊有余钱、瓮有余酿、釜有余粮；取数叶赏心旧纸，放浪吟哦；兴要阔，皮要顽，五官灵动胜千官，过到六旬犹少；

定欲成仙：空生烦恼，只令耳无俗声、眼无俗物、胸无俗事；将几枝随意新花，纵横穿插；睡得迟，起得早，一日清闲似两日，算来百岁已多。

这是清郑板桥六十自寿联。此联反映了作者晚年的生活追求和乐观心态，也是其晚年闲适生活的真实写照。大文人说大白话，甚至还用上“皮要顽，五官灵动胜千官”之类的俏皮话，别具一格。多用排比、口语化的联语平仄要求可以放宽。以下仿此。

红杏头衔新受敕，
青藜心事旧传经。

这是清端方贺刘斡臣荣膺尚书衔联。刘是湖北绅士，由于捐资办学有功，得朝廷赐尚书头衔的嘉奖，端方撰此联以贺。因为刘得赐尚书衔，故上联用北宋宋祁典，盖宋有“红杏枝头春意闹”的名句而被人称为“红杏尚书”。下联用西汉学者刘向的典故，对刘的捐资兴学表示赞誉。据《三辅黄图·阁》载，刘向校书于天禄阁，夜有老人拄青藜拐杖，前来传授《五行洪范》之文。用典切人切事，含蓄、得体，对仗尤工，堪称佳联。

海内论词风，惟临桂吴兴，差堪伯仲；
天涯怀旧雨，记山楼水阁，曾共晨昏。

这是王起贺夏承焘学术教育工作六十五周年联。夏是现代著名词学家。上联论学，说近代词人只有况周颐、朱祖谋二位可以与夏相提并论。临桂，指况周颐，广西临桂（桂林）人。吴兴，指朱祖谋，浙江吴兴人。下联忆旧。旧雨，杜甫《秋述》序：“旧雨来，今雨不来。”言老朋友遇雨亦来，而新朋友遇雨则不来，后因以旧雨喻老友。“风”“雨”巧对。阁，入声字。

易曰乾坤定矣，
诗云钟鼓乐之。

此为贺结婚联。乾坤定矣，语出《周易·系辞上》。钟鼓乐之，语出《诗经·周南·关雎》。

美奂美轮，于斯聚族；
爰居爰处，长此安仁。

此为贺营宅联。上联化用《礼记·檀弓下》“美哉轮焉，美哉奂焉”和“聚国族于斯”句，赞美房屋高大众多，家族在此繁衍。爰居爰处，语出《诗经·豳风·击鼓》。爰，乃。安仁，《论语·里仁》：“仁者安仁。”族，入声字。

燕入高楼传喜事，

莺迁乔木报佳音。

此为贺迁居联。燕入高楼，唐沈亚之《春色满皇州》诗：“乳燕傍高楼。”《诗经·小雅·伐木》：“出自幽谷，迁于乔木。”本指鸟儿从幽谷飞到高树，后用以称人迁居为“乔迁”。唐卢照邻《五悲·悲今日》诗有“谷变莺迁”句，唐李邕书《卢正道碑》有“莺迁于木”句，后因称人升官为“莺迁”。本联当兼含二义。

（五）悼挽联

此类即常说的挽联，日常多有应用。挽联虽多赞颂，但应避免陈词谀语。基本要求是切人切事，致哀要倾诉真情，叙事须突出重点，评价求恰如其分。如：

疾革尚呼儿，无限关怀，万端遗恨皆须补；

长生新学佛，不能住世，一掬慈容何处寻。

1919年10月，毛泽东母亲去世，毛撰《祭母文》并作二挽联寄哀，此其一。读之如见挽者声泪俱下。疾革（通“亟”，读jí），病危。革、佛、掬，入声字。

树欲宁而风不静，子欲养而亲不待，奉母百年岂足，哀哉数朝卧病，何意撒手竟长逝，只享春秋六二；

爱我国矣志未酬，育我身矣恩未报，愧儿七尺微躯，幸也他日流芳，应是慈容无再见，难寻瑶岛三千。

此为秋瑾挽母联，夹叙夹议，情深意切。瑶岛，传说中的仙岛，于挽联则因人“仙逝”而借义。“他日流芳”，后果如是，令人感慨。足、国、尺，入声字。联语多取成词成句者平仄可以从宽。

一饭尚铭恩，况保抱提携，只少怀胎十月；
千金难报德，论人情物理，也当泣血三年。

此为清曾国藩挽乳母联，流传中文字或有稍异。“一饭” 、“千金”用《史记·淮阴侯列传》典，说韩信受漂母一饭之恩，后来成为一方诸侯时以千金相赠。此联贵在于乳母而有真情，故能动人。即、德，入声字。

名在千秋，服郑说经刘杜史；
神归一夕，仙人骨相宰官身。

这是清梁同书挽钱大昕联。钱是著名史学家、考据学家。上联说他的经学业绩可与东汉学者服虔、郑玄相比，史学成就可与唐代史学家刘知幾、杜佑相比。下联赞美其仪表有仙人风骨、宰相器度。说经，指解释传统经典的著作。夕，入声字。

中华化学更有几人？从此广陵成绝调；
今日军资为第一事，痛哉欧冶堕洪炉。

此为清张之洞挽徐建寅联。徐曾创办保安火药局，后因试制无烟火药殉职。广陵，即《广陵散》，古代琴曲名，晋嵇康善弹此曲。嵇康后因不满司马氏专权被害，他在临刑前奏曲，云：“《广陵散》于今绝矣！”欧冶，即春秋时的欧冶子，善铸剑。“欧冶”句，喻指徐以身殉职事。面对“有几人”、“第一事”，却因“欧冶堕洪炉”而“从此广陵成绝调”，岂不痛哉！联语切人切事。学、绝，入声字。

死国埋名，公等争先入地；
挥戈挽日，某也何敢贪天。

这是李烈钧挽黄花岗殉难烈士联，感人至深。挥戈挽日，语出《淮南子·览冥训》（程千帆以为“训”本是训释文，后误入篇名）：“鲁阳公与韩构难，战酣，日暮，援戈而撝（huī）之，日为之反三舍。”此处借指以武装斗争挽救时局。撝，挥动。国，入声字。

负改造宏谟，许世以身，有功于民，有功于国：斯人卓著千秋业；
综平生伟绩，大书其事，或布在方，或布在策：此后流传万古名。

此为宋庆龄挽孙中山联，评价全在大处着眼。宏谟，犹言宏图。方，古代书写文字用的木板。策，用以记事的竹片、木板编连在一起叫策。《仪礼·聘礼》：“百名以上书于策，不及百名书于方。”此处方、策指文稿、簿册等各类文献资料。国、绩、策，入声字。

赤手创共和，生死不渝三主义；
大名垂宇宙，英灵常耀两香山。

这是中法大学挽孙中山联。三主义，指孙中山提出的民族主义、民权主义和民生主义。两香山，孙中山出生在广东省香山县（后改为中山县，今为中山市），去世后遗体曾暂停北京香山，故云。

为地方兴教养诸业，继起有人，岂惟孝子慈孙，尤属望南通后进；
以文学名光宣两朝，日记若在，用裨征文考献，当不让常熟遗篇。

此为蔡元培挽张謇联。张謇是清光绪状元，近代实业家，认为实业和教育为“富强之大本”。名，用如动词，闻名。光宣，清光绪帝、宣统帝。日记，指《张謇日记》。裨，补。征文考献，考证史事。常熟，代指常熟人翁同龢。遗篇，指翁氏《翁文恭公日记》。此联着重评价张謇“为地方兴教养诸业”和“以文学名光宣两朝”的成就和影响。学、熟，入声字。

北苑千秋人，汉石隋泥同不朽；
西风两行泪，水痕墨气失知音。

这是吴昌硕挽任颐（伯年）联。上联评艺，下联述哀。北苑，南唐宫苑，大画家董源曾任北苑使，这里借指画坛。汉石隋泥，汉代石刻和隋代雕塑。失、石，入声字。

言行惟经典常谈，师表真堪垂后世；
文章则雅俗共赏，才名自合冠群伦。

这是章锡琛为全国文联拟挽朱自清联。从言行、师表、文章、才名四方面评价，切合其人其事。依照文义，“言行惟经典常谈”是说朱氏言行符合经典规范，“文章则雅俗共赏”是说朱氏文章适宜雅俗共赏；但又巧用嵌名格:《经典常谈》是朱氏普及国学知识的著作，该著附《论雅俗共赏》，是朱氏论艺文集。作者匠心如此。俗、合，入声字。

依函丈卅九年，信有师生同父子；
刊习作二三册，痛馀文字答陶甄。

这是启功悼陈垣联。此联痛说三十九年师生如父子的情怀。函丈，犹言讲席，取席间容丈之义。陶甄，犹陶铸。答，入声字。

抱松乔习性，守金石行操，峥嵘九七春秋，不愧劳动人民本色；
抒稻黍风情，写鱼虫生趣，灼烁新鲜时代，平添和平事业光辉。

这是中国美术家协会挽齐白石联。乔，乔木。峥嵘，这里有才华、品格和表现都超乎寻常的意思。九七，齐白石享年九十七。稻黍，此借指田园。灼烁，光彩炫目。“新鲜”对“九七”，实属无奈。

大笔淋漓，茹古含今，生前一代雕龙手；

绛帐肃穆，滋兰树蕙，身后三千倚马才。

这是袁行霈为北京大学中文系所撰挽王力联。王力，我国著名语言学家。上联誉其学术成就，下联言其育才之功。雕龙手，王氏书斋名为龙虫并雕斋，意谓某在此斋既雕龙又雕虫。龙，指学术著作。虫，指文学作品和普及读物。绛帐，用《后汉书·马融传》“教养诸生，常有千数”“常坐高堂，施绛纱帐，前授生徒”之典。滋兰树蕙，出自屈原《离骚》“余既滋兰之九畹兮，又树蕙之百亩”，后用为育才常典。蕙，香草名。

文苑仰宗师，众失拱辰三十载；

书坛标重望，脉延典午两千秋。

此为启功题顾随忌辰三十周年联，可附挽联类。顾随是现代著名作家、书法家，曾任辅仁大学教授。上联言其文学影响，下联言其书法成就。拱辰，语出《论语·为政》“譬如北辰，居其所而众星共之”。共、拱古通。众失拱辰，谓众人失去了令人追慕敬仰的师长。典，掌管，即“司”义。午，于十二生肖为“马”，则典午者，司马也，因以代晋。脉延典午，是说书法延续了晋代书风。“拱辰”与“典午”，确为难得的巧对。

生无补乎时，死无关乎数，辛辛苦苦，著二百五十馀卷书，流播四方，是亦足矣；

仰不愧于天，俯不怍于人，浩浩荡荡，数半生三十多年事，放怀一笑，吾其归乎。

古人有自挽联一格。此为清俞樾自挽联，概述其学术人生和坦荡胸怀，显示了作者直面生死的乐观精神。怍，惭愧。

（六）行业联

行业联用于昭示行业宗旨等。如：

鱼跃鸢飞，活泼泼地；
日华云烂，纠缦缦天。

这是清尹壮图题云南昆明五华书院联。上联赞美莘莘学子生龙活虎，生机勃勃。二句为朱熹《四书集注·中庸集注》所引程颐语，其中，“鱼跃鸢飞”语出《诗经·大雅·旱麓》“鸢飞戾天，鱼跃于渊”。鸢（yuān），鹰类鸟。戾（lì），至。活泼泼，言充满生机活力。宋葛天民《寄杨诚斋》诗：“参禅学诗无两法，死蛇解弄活泼泼。”下联赞美学宫文采焕然。日华，暗用学宫典以切书院。《西京杂记》卷四：“河间王德筑日华宫，置客馆二十余区，以待学士。”云烂、纠缦缦，语出《尚书大传》卷二引《卿云歌》“卿云烂兮，纠缦缦兮”。卿云，即庆云，一种彩云，古人视为祥瑞。烂，灿烂。纠缦缦，亦作“纠漫漫”，纡缓缭绕的样子。此联堪称庠序佳联。

汇人间群书博览者，何其好也；
集天下英才教育之，不亦乐乎。

这是何叔衡题湖南长沙王船山学社联。《孟子·尽心上》：“得天下英才而教育之，三乐也。”上联着眼于学生读书，说“好”；下联着眼于教师育才，言“乐”。一好一乐，俱见真情。上联“汇人间”句平仄欠协。

魏阙共朝宗，气象万千，宛在洞庭云梦；
康衢偕舞蹈，宫商一片，依然白雪阳春。

这是题于今北京市湖广会馆内舞台的旧联。魏阙，宫门上的观楼。康衢，四通八达的大路。这里借魏阙和康衢点明会馆所在的京城。洞庭云梦，点明湖广古楚之地。白雪、阳春，都是战国时楚国的高雅名曲，见于宋玉《对楚王问》，此亦暗点楚地。

琴与俱，棋与俱，酒尊与俱，老子兴复不浅；
山可乐，水可乐，禽鸟可乐，诸君且住为佳。

此为周凤楞题湖南澧县文艺俱乐部联。上联前三句化用欧阳修《六一居士传》“有琴一张，有棋一局，而常置酒一壶”，下联前三句化用欧阳修《醉翁亭记》“山水之乐，得之心而寓之酒也”、“树林阴翳，鸣声上下，游人去而禽鸟乐也”。“老子兴复不浅”、“诸君且住为佳”化用《世说新语·容止》“公(庾亮)徐云:‘诸君少住,老子于此处兴复不浅’”二句。上下联分别三嵌“俱”、“乐”二字，起强调“俱乐”的作用。因用前人成句入联而平仄欠协，大家难免。

莫寻仇，莫负气，莫听教唆，到此地费心费力费钱，就胜人，终累己；
要酌理，要揆情，要度时势，做这官不清不勤不慎，易造孽，难欺天。

这是李石冰题山西平遥古县县衙联。上联对诉讼双方说，下联对官员说。态度明朗，语重心长，平白如话，适合应用场所。以三“莫”三“费”、三“要”三“不”加强语气。“终累已”、“难欺天”，语重心长。

见几多世态人情，触目惊心，莫道戏中无益；
做尽他声音笑貌，出风入雅，都从空里传神。

这是旧时戏台联。点明戏剧的教化意义。

有同嗜焉，从吾所好；
不多食也，点尔何如。

这是旧题酒店联。全联四句分别出自《孟子·告子上》“口之于味也，有同嗜焉”、《论语》的《述而》“富而可求也，虽执鞭之士，吾亦为之。如不可求，从吾所好”、《乡党》“不撤姜食，不多食”、《先进》“点，尔何如”。最有趣的是末句：“点”本是孔子弟子曾皙之名，在原句里是孔子问点，说：“点哪，你的看法怎么样？”但在联中承“不多食也”一句，则亦可趣解为“点点儿（饭菜），怎么样？”体现了这家酒店的风格。

只望世间人无病，
何愁架上药生尘。

这是医疗所联。这种“只望”、“何愁”的职业道德令人感动。

也须规矩从绳墨，
还待春风试剪刀。

这是裁缝店联。上联说所制服装中规中矩、合体合身，也隐含遵守行业规范的意义。下联取唐贺知章《咏柳》“不知细叶谁裁出，二月春风似剪刀”句意说剪刀的功夫，也隐含春风暖人的意义。好联多言简意赅，须细嚼深品。

虽然毫末技艺，
却是顶上功夫。

这是理发店用联。巧在全用双关语。

（作者单位：山东大学文学与新闻传播学院）

敦煌俗文学研究第一人——项楚先生

张涌泉

项楚先生是我国著名的敦煌学家、文献学家、语言学家和文学史家。他的研究领域以敦煌学为核心，涵盖了文学、语言学、文献学和佛学等诸多方面，其中以对中国俗文学的研究居于世界领先地位而享誉国际学坛。

一

项先生是浙江省永嘉县人，1962 年南开大学中文系毕业后考取四川大学中文系的研究生，从此开始了他的学术生涯。不过，他当时潜心研究的对象并不是俗文学，而是古代的诗人。十年“文革”，中断了项先生的研究计划，他先是被分配到军垦农场劳动两年，接着又当了十年中学教师。一个偶然的机会使他转向了新的研究领域。1976 年，项先生从中学借调到《汉语大字典》编写组工作，具体任务是从《敦煌变文集》中摘取编写字典所需要的例句。就这样，他开始接触到了 20 世纪初在敦煌藏经洞发现的大量唐五代通俗文学作品，如变文、歌辞、白话诗等，并产生了浓厚的兴趣。但不久后他发现，这些在当时由人民群众所创作和喜爱的通俗文学作品，却远远没有为今天的人民群众所欣赏和接受，就是专门的古典文学研究者中，也时时表现出对它们的隔膜和误解。这主要是因为存在着如下三个障碍：1.原卷文字错讹脱漏严重，俗别字多；2.使用了大量唐五代的口语词汇；3.有大量描写佛教题材或表现佛教思想的作品。这些障碍的存在，给敦煌通俗文学作品的校理带来了特殊的困难。尽管敦煌遗书发现后的几十年中，许多专家、学者对敦煌通俗文学作品进行了系统的整理和研究，并出现了《敦煌变文集》《王梵志诗校辑》《敦煌歌辞总编》这样一些集大成之作，但在文字的校勘、内容的诠释、史实的考订等诸方面都还存在着严重的问题。要使敦煌通俗文学作品的研究更趋深入并取得突破性的成果，从而真正为普通读者所欣赏和接受，当务之急是要正确地掌握和理解基本的材料。有鉴于此，项先生开始把敦煌通俗文学的研究和敦煌语言文字的研究结合起来，并旁及历史、宗教、民俗等等，发表了《敦煌写本王梵志诗校注补正》（《中华文史论丛》，1981年第4辑）、《王梵志诗校辑匡补》（《中华文史论丛》，1985年第1辑；又《敦煌研究》总第4期，1985年）、《王梵志诗释词》（《中国语文》，1986年第4期）、《敦煌变文字义析疑》（《中华文史论丛》，1983年第1辑）、《〈伍子胥变文〉补校》（《文史》，第17辑）、《敦煌变文词语校释商兑》（《中国语文》，1985年第4期）等一系列论文，为恢复敦煌文献真貌、诠释敦煌文献真意做出了巨大的努力。

后来项先生又撰著了集大成的《王梵志诗校注》和《敦煌变文选注》。1987年，《王梵志诗校注》的初稿（约50万字）在《敦煌吐鲁番文献研究论集》第4辑上全文刊载（全书由上海古籍出版社于1991年正式出版，2010年又出版了增订本），受到了海内外学术界的一致好评。日本著名的汉学权威入矢义高由衷称赞："对其极周详精审之至的注释，我只能起久长的惊叹之感。"（日本《中国图书》1991年第1期）日本佛教大学中原健二教授也说："本书的最大特点可说是注解中的旁征博引，其校勘的精确也证明作者的渊博学识，读者会被本书引用的大量文献所折服。尤其是作者自如地引用了佛教经典、《太平广记》，乃至以变文为主的敦煌文献，而且又皆中鹄的，不能不使人为作者的广收博引而瞠目结舌。"（《评项楚著〈王梵志诗校注〉》）1990年2月，洋洋72万言的《敦煌变文选注》（2006年中华书局出版增订本，篇幅增加了近一倍）出版以后，亦受到了海内外学术界的高度推崇。著名敦煌学家潘重规先生曾专门发表长文推荐《敦煌变文选注》，认为"其选择之当，注释之精，取材之富，不独可供初学入门的津梁，也大大裨补了专家学者的阙失"，以致他"不能自已的逢人'说项'"，"希望海内外读者共同来细细品尝"（《读项注〈敦煌变文选注〉》）。德高望重的著名学者吕叔湘先生也对《选注》给予了很高的评价，在和他的学生江蓝生合写的《评项楚〈敦煌变文选注〉》一文（载《中国语文》1990 年第 4 期）中，认为这部书“校释精详”，“是继蒋礼鸿先生《敦煌变文字义通释》之后，又一部研究变文语言文字的重要著作”，“是目前敦煌变文研究的集大成之作”。

后来，项先生又陆续出版了《敦煌诗歌导论》（台湾新文丰出版公司 1993 年第 1 版；巴蜀书社 2001 年修订本）、《敦煌歌辞总编匡补》（台湾新文丰出版公司 1995 年版，巴蜀书社 2000 年修订本）、《寒山诗注》（中华书局 2000 年版）、《唐代白话诗派研究》（合著，巴蜀书社 2005 年）等多部高水平的学术著作，并获 1985 年中国社会科学院青年语言学家奖金一等奖（他是第一个获得该奖一等奖的学者）、教育部全国高等学校人文社会科学研究优秀成果奖（一等奖三次、三等奖一次）、思勉原创奖等多种学术大奖，毫无疑问地站在了敦煌语言文学尤其是俗文学研究的学术之巅，为祖国争取了光荣。

二

如上所说，项先生在敦煌语言文学尤其是俗文学的研究方面取得了世人瞩目的成就。具体说来，这些成就主要表现在如下三个方面：

（一）恢复文献真貌

我们知道，敦煌俗文学作品是以写本（少数为刻本）的形式流传下来的，用来记录它们的是民间流行的通俗字体，其中颇有字典失载而难于辨识者；同时由于屡经传抄，讹、舛、衍、脱的情况也十分严重；而且还有许多殊异于今日的书写特点。这些情况都给今天的校勘整理工作造成了特殊的困难。虽然许多专家学者已给变文、王梵志诗、歌辞等敦煌俗文学作品进行了初步的梳理和校订，但没有解决的问题仍很繁多，而且往往由于理解上的偏差，又造成了一些新的错误。项先生在前人研究的基础上，凭借他那扎实的小学根柢，综合运用对校、本校、他校、理校等校勘方法，广征博引，扫除了大量的障碍，在很大程度上恢复了敦煌文献的真实面貌。经他梳理校订后的变文、王梵志诗、歌辞等，往往群疑冰释，怡然理顺，使人有拨云雾见青天之感。

如《敦煌变文集》卷六《大目乾连冥间救母变文》："狱中罪人，生存在日，侵损常住，游泥伽蓝，好用常住水果，盗常住柴薪。今日交伊手攀剑树，枝枝节节皆零落处……"（原文断句有误，此从蒋礼鸿校改读如上）其中的"游泥"一词，敦煌写本原卷如此，其义颇为费解，乃敦煌变文校读中的一大难点，蒋礼鸿先生把它收入"不能解释"的《变文字义待质录》，而疑"游泥"即曲子词中"把人尤泥"的"尤泥"。项先生则谓"游泥"当作"淤泥"，"游"即"淤"字形讹。"淤"字亦作"污"。文中"淤（污）泥"与"侵损"对举，用作动词，"淤（污）泥伽蓝"是说把寺院弄脏。佛教以污泥伽蓝为恶业，死后当受罪报。佛典中每有污泥伽蓝而受罪报的记载（《敦煌文学丛考》）。这样一校，原文的意思便顺适无碍了。

（二）诠释文献真意

由于时代的变迁，敦煌通俗文学作品所使用的语言，所反映的历史背景和思想观念，和今天有较大的差距，妨碍了人们对作品真意的探求，从而导致了不少理解上的错误或偏差。项先生在通过校勘恢复文献真貌的同时，还对文献真意进行了深入的探讨，并取得了丰硕的成果。其中包括：

1. 特殊语词的考释

敦煌俗文学作品成长于民间的土壤，它们所采用的语言，大抵是当时的口语，其中有着大量"字面普通而义别"或"字面生涩而义晦"的方俗语词，此外还有相当数量的佛教术语。这些特殊语词，当时的人们也许是过眼即了，但今天的读者却感到难以索解。尽管蒋礼鸿先生的《敦煌变文字义通释》已在这方面做出了开拓性的贡献，但留待解决的问题仍然不在少数。项先生继踵蒋礼鸿先生，先后发表了《敦煌变文语词札记》、《王梵志诗释词》等十余篇论文，对变文、白话诗中的数百个特殊语词进行了诠解。在《敦煌变文选注》和《王梵志诗校注》中，这方面的考释条目也是随处可见。这些诠解，思致绵密，征引详赡，结论大抵确凿可信。下面试举一例以见一斑：

P.2305号《妙法莲华经讲经文》："若是心生退屈，故请便却归回；王免每日驱驰，交我终朝发业。"其中的"发业"一词，字面颇感"生涩"，而义亦费解。曾有人怀疑"发业"为"废业"的音误。项先生则广引《景德传灯录》、《祖堂集》、《五灯会元》、《董西厢》等书"发业"的用例，指出“发业”是生气、发怒之义。上例原文是仙人责怪大王行动迟缓之语，后两句是说，大王倘若归回，彼此都有好处：你既可免每日辛苦，我也不必因你行动迟缓而整天生气了。如此解释，文义甚安。但“发业”何以会有发怒之义呢？项先生进一步指出：“这里的‘业’是佛教术语，指能导致某种果报的身、口、意行为，有善业与恶业之分，通常是指恶业。佛教认为‘瞋’（所谓‘三毒’之一）即能令人起诸恶业，如玄奘译《成唯识论》卷六：‘瞋必令身心热恼，起诸恶业。’而‘瞋’就是发怒，由此产生了以‘发业’表示发怒的说法。”（《敦煌文学丛考》）这样就不但把“发业”的意思讲清楚了，而且对它的来源也做出了令人信服的说明。

2. 佛教义理的阐发

敦煌通俗文学作品和寒山诗展示的是唐五代前后中下层社会的生活图景，其中描写佛教题材或表现佛教思想的作品占了绝大多数；即使那些表现世俗生活的作品，往往也掺杂着浓厚的佛教内容。这一类的作品，今天的读者难免感到生疏和隔阂。项先生曾通读《大藏经》，对佛教义理进行过深入的研究，所以在校理充满佛教思想的变文、王梵志诗、寒山诗等俗文学作品时，便显得得心应手，游刃有余。在他的笔下，晦涩难懂的佛教思想，也欣然揭去了神秘的面纱，显得明白晓畅，亲切动人。例如：

《王梵志诗校注》卷三《先因崇福德》：“先因崇福德，今日受肥胎。”其中的“肥胎”一词颇为眼生，诗意亦甚费解。有的本子把“肥胎”录作“耶胎”，还有的本子录作“胞胎”，大概都与“肥胎”意义不明有关。项注则云：“肥胎：特大之胎儿。佛教以为前生所修善业，将感招今生福报，亦包括胎儿形体之美好。……世俗以胎儿肥大为可喜有福。《佛本行集经》卷三五《耶输陀因缘品》下：‘时长者妇，或满九月，或满十月，其胎成熟，产一男儿，极大端正，可喜无双。’故梵志诗云‘受肥胎’，以言甫一出生，即获福报也。”（《王梵志诗校注》增订本）这样一解释，原文的意义便昭然若揭了。

除了佛教义理的阐发以外，项先生的论著还对敦煌俗文学作品所涉及的社会生活的各个方面，包括历史事件、典章制度、宗教民俗、山川地理、花木鱼虫、战具兵器、厌禳占卜、婚丧嫁娶、宴饮游戏等等，做出了翔实的阐述和考证。诸如《王梵志诗校注》增订本34—35页对冥间“奈河”的考证，49—50

页对送葬时哭"奈何"的考证，89—90页对"道人"（僧徒）的考证，106—107页对"揩赤"（以朱笔抹去簿书中姓名，表示了结）的考证，121—122页对"避杀"风俗（唐代民俗以为新死者若干日内当化"杀"而归，遇者不祥）的考证，211—213页对称儿女为"冤家"的考证，303—304页对"鸠盘荼"（佛经中的恶鬼）的考证，307—308页对"借吉"（居丧期间婚嫁）风俗的考证，513—514页对"火葬"习俗的考证；《敦煌变文选注》45—51页对"药名诗"的考证，516页对民间以小便医治跌打损伤的考证，578—579页对杖脊饶免三下的考证，1838—1839页对出售物品的标记"标"的考证；《敦煌文学丛考》75—77页对唐代"括客"（搜寻逃亡户口）制度的考证，134—136页对"搭马索"、"搭索"的考证，167—169页对"老头春"（酒名）的考证，等等，无不推本溯源，辨析入微，显示了作者渊博的学识和深厚的古代文化素养。

（三）开创俗文学研究的新领域

中国的文学研究以往主要是雅文学的研究，俗文学向来不登大雅之堂，在正统文学中没有一席之地。项先生则大力倡导俗文学的研究，他的《敦煌诗歌导论》、《唐代白话诗派》都是这一领域的开创性著作，对历来不受重视的佛教文学、白话诗派等给予了极高的评价。项先生并且身体力行，为变文、歌辞、王梵志诗、寒山诗等俗文学作品作校勘、注释等普及工作，并亲自承担了教育部哲学社会科学研究普及读物项目《敦煌文化》的撰写工作。他创建并一直担任所长的教育部人文社科研究基地四川大学中国俗文化研究所还多次召开俗文学方面的国际学术研讨会，努力培育俗文学研究的人才。正是项先生的大力鼓与呼，这些年俗文学的研究业已成为中国文学研究的热点和重要分支学科。

三

项先生在俗文学、敦煌学领域内辛勤探索，笔耕不辍，取得了令人艳羡的丰硕成果。那么他的研究有些什么特点呢？或者说，对我们后人有些什么启发呢？笔者以为以下两点是值得特别加以介绍的：

（一）实事求是、无征不信的学风

项先生治学严谨，学风朴实。在学术研究中，他坚持实事求是、无征不信的原则。每立一义，必胪举大量本证、旁证，穷原竟委，不为空疏皮傅之说。在给友人的信中，他曾说："对于敦煌文献的校勘和研究，我们的责任是恢复文献真貌，解释文献真意，假如可以不要任何根据地随意乱说，强词夺理，则愈校勘愈失真，愈解释愈混乱，这真是古人之大不幸。""恢复文献真貌，解释文献真意"，说到底就是"实事求是"，这正是作者刻意追求的优良学风。凡是翻阅过《敦煌变文选注》、《王梵志诗校注》、《寒山诗注》的读者，往往会对书中例证的丰富、解释的平实留下深深的印象，为作者学识的渊博所折服。对那些含义不明、证据不充分的词句，作者多注明"俟再校"，不强作解人。1985年，中国社会科学院青年语言学家奖评委会决定把一等奖奖章授予项先生时，曾做出如下评语："项楚的论文立论严谨，不为牵强附会之辞，征引繁富，考证精详。凡所论列，大都确凿可信，其中有不少说法能纠正旧说的阙失和疏陋。"这是项先生论文的风格，也是项先生著作的风格。

写到这里，我们有必要指出目前学术界（包括敦煌学界）存在着一种不大好的学风，那就是浮夸好奇、主观武断的学风。有的同志在搞古籍校勘时，常常犯主观武断的毛病，他们往往根据自己的一孔之见，臆断应该如何如何，却提不出任何根据来。笔者曾看到过一篇评论《敦煌变文选注》的文章，文中曾举出《选注》的一些失校、误校、误注的例子，但细细一看，除少数几个例子有些道理外，大多数例子都是毫无根据的猜测之词，是靠不住的。王力先生在谈到清代王念孙、王引之父子治学成就时曾说："王氏父子的著作中也颇多可议之处，那些地方往往就是证据不足，例子太少，所以说服力就不强。后人没有学习他们的谨严，却学会了他们的'以意逆之'，这就是弃其精华，取其糟粕，变了王氏父子的罪人了。"（王力《训诂学上的一些问题》，其中"变了"原文如此，疑为"变成"排印之误）王力先生的这番告诫，是值得我们搞古代文献校勘的同志深长以思的。

（二）深厚的中国传统文化素养，文学研究与语言研究相结合

现代学术发展的总趋势是专业越分越细，这当然有它合理的、必要的一面。但也造成了许多人知识面过于狭窄的缺陷，以致搞文学的人不管语言，搞语言的人不管文学，甚至于搞先秦的可以不管两汉，搞两汉的可以不管先秦，

专业之间壁垒森严，井水不犯河水，大有“鸡犬相闻，老死不相往来”的味道。这种情况，对学术研究的深入发展显然是很不利的。

项先生是搞文学的。他研究生时学的是六朝唐宋文学，在大学任教的是唐宋文学教研室，可以说是不折不扣的文学出身。但他并没有把自己局限在唐宋文学的狭小圈子之内，而是广览博采，不断拓宽自己的知识领域。在谈到自己的治学方法时，项先生曾说：“文学作品是社会生活的反映，社会生活是纷繁复杂的，敦煌文学所反映的生活尤其如此，因此我们虽然以研究敦煌文学为方向，可是眼界始终要放得更开阔些，力求更多地了解那个社会的各个方面，乃至某些细节，实际上就是要透彻地了解产生敦煌文学作品的那个历史环境。”（《敦煌文学研究漫谈》）为了攻克敦煌文学写本中的俗别字、口语词汇、佛教思想等三大障碍，项先生埋头阅读了许多古代典籍，其中包括大部头的《大藏经》、《太平御览》、《太平广记》等等，从而为他的俗文学研究打下了宽博而又坚实的基础。

这里特别值得一提的是项先生深厚的“小学”功底。古人把文字学、训诂学、音韵学总称为“小学”。对于写本原卷讹别满目、俗字俗语词充斥的敦煌俗文学作品来说，更是如此。项先生认为文字校勘和俗语词的诠释是研究敦煌俗文学的前提，并把攻克语言文字障碍当作自己第一阶段研究工作的主要任务。为此，他不但研阅了许多小学名著，而且从佛经、古小说、史书、碑铭等材料中广泛搜集实例来和俗文学作品中的俗字、俗语词相印证，综合运用文字、音韵、训诂等知识，令人叹服地勘正了写卷中的大量讹误，对许多俗字、俗语词做出了有说服力的解释。他的《敦煌文学丛考》其实多数内容是研究语言文字的（包括俗语词考释、文字校勘等）。我们看他的《敦煌变文选注》、《王梵志诗校注》、《寒山诗注》，最令人折服的是他对字词校释的准确到位、词语探源溯流的晓畅自如。他既是第一块沉甸甸的中国社科院“青年语言学家奖”一等奖奖章的获得者，也是本世纪初安徽教育出版社推出的十位著名中年语言学家自选集的作者之一。搞文学的他，一不小心却成了“著名语言学家”，从这里，我们难道不可以得到许多有益的启迪吗？

（作者单位：浙江大学古籍研究所）

《国学茶座》征稿启事

“国学”一词通行的解释是“我国固有之学问”。我国固有之学问到底包含哪些内容？各家说法不一。浏览二十世纪二三十年代的几部国学概论，可以发现各家章节虽有出入，而大体不外经、史、子、集四部。我们赞成这种思路，即用中国传统的框架来划分中国传统的学问。按照明代曹学佺、清代周永年关于“儒藏”的论述，《四库全书》实际上就是一部“儒藏”，与“佛藏”、“道藏”三足鼎立。所以，“国学”的主要内容应分为经、史、子、集、佛、道六大部分。《四库全书》基于它的学术立场，把佛、道两家置于子部，当然不尽合理。我们考虑到稿件的数量，各学科的不平衡，所以暂依《四库全书》之例，划分经、史、子、集四个栏目。其他内容如中国的伊斯兰教、西方传入我国的基督教，《四库全书》在子部杂家类有反映，但相关的中文典籍，在辛亥革命以前的，数量不算多，暂亦不予以独立。

我们创办《国学茶座》这份杂志的目标是“普及国学知识，发表国学新见，培育国学新人”。基于这样的目标，该杂志的读者应包括所有国学爱好者和研究者。

我们欢迎高层次的国学家为我们撰稿，也欢迎大学、高中教师以及大学生、研究生、博士生或国学爱好者为我们撰稿。文章内容涉及九经三传、语言文字、史传地理、政治经济、军事外交、国家民族、风俗礼制、金石图书、周秦诸子、宋明理学、天文历算、琴棋书画、花鸟服饰、建筑陈设、饮食起居、农业园艺、中医养生、宗教信仰、诗文词曲各个方面。既注重知识的介绍，又注重探幽折微，阐发新见。典籍之流传，学问之演变，人物传记，史事本末，诗文品藻，文字训释，均所提倡。总以深入浅出，娓娓道来，是所崇尚。

《国学茶座》每年四期，简体汉字，16开本，每期16万字。稿费标准：每千字70元，特稿每千字100元，作者赠样书2册。投稿电子信箱guoxuechazuo@126.com。纸本投寄：山东省济南市山大南路27号山东大学儒学高等研究院《国学茶座》编辑部韩悦收，邮编250100。来稿请注明作者姓名、单位、通信地址、邮政编码、电子信箱、联系电话等。

“君子以文会友，以友辅仁”。我们希望《国学茶座》成为海内外国学爱好者共同交流学习的园地，共同成长进步的阶梯。

《国学茶座》编委会敬启